南京市文化和旅游局
南京市博物总馆 编

法显传

胡运宏 著

南京历史文化名人系列丛书

凤凰出版社

图书在版编目（CIP）数据

法显传 / 胡运宏著. -- 南京 : 凤凰出版社,
2022.6
（南京历史文化名人系列丛书）
ISBN 978-7-5506-3679-8

Ⅰ.①法… Ⅱ.①胡… Ⅲ.①法显－传记 Ⅳ.
①B949.92

中国版本图书馆CIP数据核字 (2022) 第052080号

书　　　　名	法显传
著　　　　者	胡运宏
责 任 编 辑	尤丹丹
装 帧 设 计	徐　慧
出 版 发 行	凤凰出版社（原江苏古籍出版社）
	发行部电话025-83223462
出版社地址	江苏省南京市中央路165号，邮编：210009
照　　　　排	南京凯建文化发展有限公司
印　　　　刷	江苏凤凰通达印刷有限公司
	江苏省南京市六合区冶山镇，邮编：211523
开　　　　本	718毫米×1005毫米　1/16
印　　　　张	7
字　　　　数	104千字
版　　　　次	2022年6月第1版
印　　　　次	2022年6月第1次印刷
标 准 书 号	ISBN 978-7-5506-3679-8
定　　　　价	68.00元

（本书凡印装错误可向承印厂调换，电话：025-57572508）

《南京历史文化名人系列丛书》编委会

序 言

    南京古称金陵、建邺、建康等，是素负盛名的"六朝古都，十朝都会"，与北京、西安、洛阳并称为中国四大古都。南京在历史文化上的独特性，体现在曾多次承担过中华民族救亡图存、走向复兴的历史责任与历史使命。在历史文化的视野下，把南京置于国家民族的历史长河中，探寻这座城市对于中华文明所起到的作用，会发现在中国历史上，没有哪一座城市像南京这样，与中华民族的命运如此紧密地联系在一起。

    2500多年的建城史，450年的建都史，使得南京在历朝历代都涌现出许许多多为中华数千年文明作出过重要贡献的杰出人物，他们广泛地活跃在政治、经济、军事、文化、艺术、宗教、科技、曲艺等方面。在这些"立德、立功、立言"的杰出人物的身上，集中体现着中华民族精神的标记，印证着历史人文精神的深邃。虽然这些历史身影已随着逝去的时代而远去，但他们留下的物质或非物质的印记，作为后来者追慕先贤、思索人生、承继前行的路标，仍然是南京乃至中华民族弥足珍贵的文化资源和极其宝贵的精神财富，是中国历史文化脉络的重要组成部分，更是加快南京历史文化名城建设不可或缺的要素。

    2014年初夏，南京市政府根据"十二五"规划文化建设中提出的传承创新、推动文化大发展大繁荣的要求，出于充分挖掘、利用南京在历史名人资源方面的优势，彰显南京独特的历史名人文化，进而发挥文化引导社会、教育人民、推动发展的功能，增强民族凝聚力和创造力的目的，要求南京市文化广电新闻出版局及其下属单位在调查研究的基础上，提出切实可行的南京历史文化名人展示工作的实施方案。

    客观、科学地界定南京历史文化名人，按不同的时代、不同的系统梳理罗列出来，不是一件容易的事。新成立的南京市博物总馆文化遗产保护研究所具体承担了起草《南京历史文化名人展示工作实施方案》的工作，在经过了近一个月披沙拣金般的梳理与遴选后，研究所的同志们按时交出了一份包括近400位待选的南京历史文化名人小传的征求意见稿。此后，在南京市委、市政府、市政协主要领导的关心与支持下，南京市文化广电新闻出版局就如何实施南京历史文化名人的弘扬与展示工作认真调研，反复斟酌，并召开了多次由市领导与南京大学、南京师范大学、南京博物院等专家学者参加的专题论证会，最终在集思广益达成的共识的基础上，甄选出首批共79位在南京乃至国内外都有一定历史地位、在彰显南京历史文化方面具有一定代表性的南京历史文化名人，并确定了在深入挖掘其内涵的基础上，采用雕塑创作、遗址与博物馆建设、遗迹修缮、深度挖掘出版、文艺创作等5种向全社会推介展示这些南京历史文化名人的方式。

这其中的深度挖掘出版方式，指的是在采撷、整理文献史料的基础上，编辑出版以南京历史文化名人为系列的名人传记或故事，适用于那些历史文献和地方志书中虽有明确记载，对南京历史文化发展也有较大影响，但其相关遗迹、遗存尚不确定的南京历史文化名人，借以系统地呈现南京历史文化，进一步增强南京文化软实力与综合竞争力。采用深度挖掘出版方式予以宣传推介的南京历史文化名人的人选，包括三国时期的书法家皇象、佛经翻译家支谦，东晋时期的道教学者葛洪、美术家戴逵、名僧暨佛经翻译家法显，南朝刘宋时期的天文学家何承天、史学家范晔、文学家刘义庆，南齐的开国皇帝萧道成、画家陆探微、诗人谢朓、美术评论家谢赫，南朝齐梁时期的文学批评家钟嵘，唐代诗人王昌龄，明代文学家宋濂、学者焦竑、书法篆刻家文彭，明末清初的竹刻艺人濮仲谦，清代文学家方苞，近代建筑设计师亨利·墨菲共计20人。该项工作由南京市文化广电新闻出版局负责。

考虑到社会影响并兼顾大多数人的接受程度，南京市文化广电新闻出版局与南京市博物总馆的主要领导认为《南京历史文化名人系列丛书》的编撰和出版工作应尽可能达到如下几点要求。一是实事求是，科学取舍。要运用历史唯物主义观点和方法收集资料，去粗取精，去伪存真，力求内容的史料性、思想性和资料性的统一。在尊重历史真实的前提下，对涉及政治、民族、宗教等重大敏感问题，在史料取舍与叙述上，谨慎科学处理。二是主题突出，详略得当。在具体的文字内容上，应包括上述各南京历史文化名人的生平事迹、主要成就及其对后世的影响，并尽可能将每个人物的成就及其与南京之间的关系或联系，在书中予以浓墨重彩地展示。三是深入浅出，通俗易懂。丛书的篇幅不宜过长，避免阳春白雪、曲高和寡，编撰行文应言之有物，但在行文中仍然务需严谨、规范，所使用的材料要求有来源、有依据，注重和突出面向大众的宣传、推介效果，争取较强的可读性，力求做到雅俗共赏。四是图文并茂，引人入胜。作为一部介绍历史名人的图书，在诸方面要凸显其文化特点和艺术魅力，每本书宜在行文中都配附一定数量、与书籍内容相关的图片，做到图文并茂，雅俗共赏。

这样一套面向社会大众的普及性质的读物，自然不宜高头讲章般的满是庙堂之气，但学术层面的严谨和求实，也都必须遵循而丝毫马虎不得，因而对于编写工作的要求其实是相当高的，所以寻找合适的作者自然也就成了让人头疼不已的事。在这一方面，南京市博物总馆下辖的文化遗产保护研究所为之付出了艰苦的努力。

我们编纂这套《南京历史文化名人系列丛书》不仅仅是为了让来者见贤思齐，心追范式，更主要是为了让后人通过读史而能自省，深入发掘、总结、提炼中国历史文化中的优秀精神，推动社会主义精神文明和物质文明协调发展，古为今用，洋为中用，把中华民族的优秀传统转变为现实中有生命力、有影响力的东西，从而进一步增强民族自信心和凝聚力，为促进中国特色社会主义文化建设的健康发展，激发全民族文化创新创造活力，不断铸就中华文化新辉煌，尽一份绵薄之力。

鉴于《南京历史文化名人系列丛书》所涉部分历史人物可资参阅的史料极其有限，加之编写时间匆促，本书难免存在这样或那样的缺憾。在此诚恳希望专家读者多加指教，以便有机会再作修改与补充。

2018年3月

前　言

　　人过了六十岁该干吗？按照我国国务院的规定，如果不考虑延迟，基本上可以退休安心养老了。但是，在历史上就有这么一位老人，在年逾花甲的年纪，毅然踏上西行求法的道路。他六十二岁从长安出发，一路上穿沙漠，走戈壁，爬雪山，过悬崖，于六十八岁到达中印度，在那里习梵文，抄佛经，参佛迹，七十六岁从海上漂泊回国，带回十一部佛经。佛教史上，从印度流传至中国的戒律有四部，其中他带回来的就有三部，可见其对汉地佛教的贡献之大。这位晚年开启开挂人生的人，就是本书的主人公——法显。

　　法显的确是个颇具传奇色彩的人物，他一生在六十岁之前基本默默无闻，六十岁之后西行求法，是中国历史上第一批到达印度取经的僧人，比唐玄奘早了二百多年。他还是从陆路西行至印度，又从海路回归东土的第一人，用今天的话讲，"一带一路"他都有参与。在一同最终抵达印度并观摩到佛影的四人之中，一人不幸身亡，一人先归但下落不明，一人不愿回国而留在印度，只有他独自一人完成了西去东归的取经之路。在取经路上，除了路途艰险外，他在西域参观到了当时东土不曾有的无遮大会，在北印度看到了佛钵、佛顶骨、佛齿、佛锡杖、佛袈裟等佛陀圣物，在那竭国的山窟观摩到著名的佛影。这些，对于一位虔诚的僧人来讲，无疑是极大的欣慰与满足。在东归途中，他又是九死一生，刚登上船就遇到大风，连刮十三日，风停后，在海上漫无目的地漂荡九十天后才靠岸，再一次启航时，又遇到黑风暴雨，差点被人从船上扔下去。而这，对于法显来讲，何尝又不是一种修行？

　　在南京著名的旅游景点雨花台风景区内，有一座道场寺，是法显回国后翻译佛经的地方。法显在这里，以近八旬的高龄，跟高僧佛陀跋陀罗合作,译出佛典13部125卷。南京也成为法显辉煌人生的最后闪耀之地。

让我们阅读本书,一同感受下这位晚年开挂的高僧的人生吧!

目 录

一、时代背景

佛教起源于公元前六世纪末,至公元前四世纪,传播规模和范围主要集中在中印度的恒河中游一带。公元前三世纪中叶,在孔雀王朝的阿育王大力推广下,佛教开始向印度各区域迅速传播,进而传播至印度本土以外。公元前二世纪,佛教传至中国的西域地区,至公元二世纪,佛教已经成为西域的主导性宗教。公元四世纪,佛教从西域大规模传至我国中原地区。

(一) 佛教东传

公元前2年,西域大月氏国(今阿富汗境内)的一位名叫伊存的使者,来到西汉的都城长安,口授《浮屠经》,博士弟子景卢将之笔录下来,史称"伊存授经"。

公元64年,东汉明帝刘庄在梦里见一位神人,身上有日光,在殿前飞动。明帝很高兴,第二天问群臣:"我昨晚看见的是什么神?"一位学识渊博通达的大臣傅毅回答:"听说天竺(印度)有得道之人,叫作佛,能轻举御空飞行,大概就是那个神吧。"明帝听得明白,似有所悟,于是派中郎蔡愔、羽林郎中秦景、博士弟子王遵等十八人到大月支国寻求佛法;三年后(67年),蔡愔等人从西域用白马驮回佛经、佛像。明帝将经、像藏于皇室档案馆兰台之中,又在都城洛阳西雍门外建造了白马寺,供随蔡愔东来的西域僧人摄摩腾、竺法兰居住。这段典故,史称"明帝求法"。

"伊存授经"和"明帝求法",一般被认为是佛教传入中国的开始。

佛教虽然在公元一世纪的西汉末、东汉初便已经过西域传播至中原腹地,但是在随后一两百年里,影响却并不明显。信徒多以来自于异域的外国人为主,中国本土的信众不多,且在大多数中国人看来,佛教只是众多道术中的一种,有人甚至以本土黄老之学解释佛义,将佛与老子同时祭祀。因此整个东汉时期,佛教在中原的发展相对平缓。直至魏晋南北朝时期,由于社会大动乱,为佛教的大规模传播和兴起提供了契机。当时,中国的广大地区尤其北方,战争频仍、灾祸不断,死亡的威胁无时无刻不在。生活在这个恐怖的黑暗世界的人民,无异于活在一座现实的地狱之中,无论是上层的统治阶层还是下层的普通百姓,都看不到光明的希望,都渴望能够解脱,找到一条出路。在这样的社会需求下,宣扬六道轮回、积德行善、善恶有报等观念的佛教,仿佛给黑暗中的人们点亮了一盏明灯——人们都希望消弭此岸的烦恼,期待彼岸的光芒,于是佛教顺势而起,迅速地发展起来。

(二) 东晋十六国佛教

法显所生活的东晋十六国时期,正是佛教在我国发展的第一个高潮期。东晋十六国时期(317—420 年)的中国,南北分立,南方为东晋,北方则由匈奴、鲜卑、氐、羌、羯等民族或先或后地建立了五凉、四燕、三秦、两赵、一夏、一成等大小十六个政权。当时,无论北方还是南方,很多统治者都大力提倡佛教。

北方十六国的佛教,发轫于西域沙门佛图澄在后赵的弘法。后赵(319—351 年)是羯族人石勒建立的政权,先都襄国(今河北邢台),后都邺城(今河北临漳),全盛时期基本上统一北方,疆域东滨大海,西至河西,北接燕代,隔淮河与东晋形成对峙。佛图澄(232—348 年)为西域龟兹(今新疆库车)人,于西晋永嘉四年(310 年),以年近八十的高龄来到西晋都城洛阳传法,然而时值前赵刘渊、刘聪父子攻打洛阳,洛阳及周边地区惨遭战争破坏,于是潜居草野,静候时局变化;后看准石勒是能成气候之人,以神异方术,获得了石勒的信任。佛图澄经常劝解石勒少行杀戮,使很多即将被杀的人得以豁免一死。东晋咸和五年(330 年),石勒称帝,尊称佛图澄为"大和上",有事必定咨询后方才施行。石勒养子石虎即位后,对佛图澄更加推重，下诏称佛图澄为"国之大宝"，将其奉为国师，并敕令王公大臣定时前往探视。由于"二石"的尊崇，佛图澄在后赵大兴佛教，他道行高深，又精通医术，深受世人崇拜。教化所及，民众竞相信佛。所经州郡，兴建大小佛寺达八百九十三所，门下授业追随者常有数百，前后门徒累计达万人之多，其中道安、僧朗、法雅、法和、法汰、法首等均为一代高僧。

继后赵之后，北方佛教最盛的区域是前秦。前秦(351—394年)由氐人苻洪所创立，376年曾一度统一北方地区，疆域东至海，西抵葱岭，北极大漠，唯东南一隅与东晋形成对峙，可惜兵败于383年的淝水之战，原先归附的各民族纷纷乘机独立，北方地区再次陷入分裂。前秦创立者苻洪原本为石虎的部下，在后赵尊崇佛图澄的氛围下，自然而然会受到影响。前秦第二代君主苻坚笃好佛教，他在位时佛教很是兴盛。苻坚先是礼遇在泰山金舆谷修行的僧朗，想征请其出山，被以年事已高、不便走动为理由婉拒；遗憾之余，却得到了更加名重天下的高僧道安。

道安(314—385年)，俗姓卫，常山扶柳(今河北冀州)人，十二岁出家，受具足戒后云游天下，至邺城(今河北临漳)时师事佛图澄长达十几年，深受佛图澄的器重，经常辅助佛图澄讲学。在佛图澄去世后，道安离开邺城，继续在河北一带云游，凡"移居九次"，每到一处，便聚徒讲学，宣扬佛法。很多人受其影响而信佛，信徒几乎"中分河北"。大约在四十五岁时，道安回到邺城，但当时石虎已死，后赵政权岌岌可危，不久冉闵作乱，河北一带陷入纷争之中。东晋兴宁三年(365年)，道安受到名士习凿齿的邀请，和弟子慧远等五百余人来到时属东晋管辖的襄阳，在这里一住十五年，成为当时中国南方的佛教领袖，受到东晋荆州刺史桓豁、襄阳镇守朱序、宣威将军郗超等人的高度礼遇外，东晋孝武帝还专门下诏褒奖，并以王公俸禄的标准予以优待。东晋太元四年(379年)，襄阳被前秦军队攻陷，道安也被送往前秦的都城长安。由于道安当时已经是名重天下的高僧，因此受到笃信佛教的苻坚的高度礼遇，并被视为"神器"，成为当时中国北方的佛教领袖。道安在长安期间，居住在城内的五重寺，主持数千人的大道场，并组织人才进行佛典传译，直至去世。道安是佛图澄之后，当时北方中国最为知名的高僧，一生弘法不止，在各地宣法传教，培养了众多的弟子，其中的慧远，便是继他之后的东晋佛教领袖。道安组织翻译、整理和阐述经典,创立以"本无"为宗旨的学派,还制定了僧尼仪轨,决定沙门同以"释"为姓,定僧律,规范僧尼赴请、礼忏等仪式,为后来佛教丛林制度奠定了初步基础。

后秦的佛教比前秦更有过之而无不及。后秦(384—417年)是由羌人姚苌在前秦因淝水之战失利而分裂后所创立的政权,统治地区大约包括今陕西、甘肃东部和河南部分地区。后秦第二代君主姚兴也笃好佛教,精研佛法,在吞并后凉时,得到一代高僧鸠摩罗什,倾全力支持鸠摩罗什组织僧团、设立译场、翻译佛经,使后秦佛教繁盛一时。

鸠摩罗什(344—413年)为天竺人,父亲鸠摩罗炎出生于天竺世代为相的望族,母亲为龟兹王妹。鸠摩罗什生于龟兹(今新疆库车),七岁随母出家,广究小乘大乘,尤精于般若性空的教义,在西域名重一时。前秦苻坚听闻其名,想得到他,于东晋太元七年(382年)派遣将军吕光等攻下龟兹。但是,当吕光带着鸠摩罗什及大量奇珍异宝经过凉州(今甘肃武威)时,苻坚兵败淝水,继而被姚苌所杀。吕光于是在东晋太元十一年(386年)以凉州为根据地,建立了后凉政权。鸠摩罗什也随之在凉州居留了十余年之久,这也为他学习汉语,熟悉汉文化创造了条件。后秦弘始三年(东晋隆安五年,401年),姚兴出兵攻灭凉州,鸠摩罗什才被迎至长安,姚兴待之以国师之礼。当时上至王公贵族、下至平民百姓大多信奉佛法,鸠摩罗什的到来可谓恰逢其时,受到热烈欢迎。鸠摩罗什在长安城的西明阁和逍遥园,开始了规模空前的佛典翻译工作。在鸠摩罗什之前,佛经翻译多不成系统,加之译者或语言不精,或对教义理解不透,译出的佛经往往朴拙粗劣,鸠摩罗什则精通佛理,又通晓汉、梵两种文字,因此他的翻译不仅能够准确表达梵文本意,而且行文流畅、语句达雅。经过十多年的努力,鸠摩罗什一共译出《大品般若》《法华经》《维摩诘经》《金刚经》《阿弥陀经》《大智度论》等佛经三百余卷,成为中国佛教史上的一次盛举。在译经的同时,鸠摩罗什的门下,四方的僧众一时云集,累计达五六千人之多,其中僧肇、道生、道融、僧睿等都是十分著名的高僧。

前秦、后秦的佛教是中国佛教发展史上极为重要的一页,道安和鸠摩罗什的活动对后来佛教的发展有极为深远的影响。前秦、后秦的都城长安,因处于中原与西域之间的要冲之地,在前有道安、后有鸠摩罗什的影响下,也一度成为当时北方的佛教中心。

南方东晋在长达一个多世纪的统治时间内相对稳定,佛教传播中心主要集中在都城建康(今江苏南京)。早在三国时期,高僧支谦和康僧会,便已先后来到都城建业(今江苏南京)弘法。支谦本为大月氏人,至父辈始定居中土,他于孙吴黄武年间(222—228年)至武昌(今湖北鄂州),黄龙年间(229—231年)转至建业,专以译经为务,南方佛教由此而始。康僧会的祖先本为天竺人,其父因经商而移居交趾(今越南),他于孙吴赤乌十年(247年)由交趾经广州北上,来到建业,在孙权的支持下建立了建初寺,此为江南第一座佛寺。康僧会在建初寺弘法译经,最后终老于此。支谦和康僧会,从一北一南来到建业弘法,开佛法在南中国传播之先河。

永嘉之乱,衣冠南渡,立都建康,建立东晋,北方地区的名僧如帛尸梨蜜多罗、康僧渊、康法畅、支愍度、于法开、于道邃、竺法汰、竺法深等皆先后南下,将中原洛阳的佛法带到建康。建康的佛教由此而兴盛,并逐渐发展成能与北方洛阳、西安齐名的佛教中心。在北方战乱,洛阳、长安一度衰落的时候,建康在相对稳定的政权下继续发展,成为佛法在中国传播的重镇。

东晋时期,在建康活动的僧人有很多,这里仅举几例。帛尸梨蜜多罗,本是西域人,于西晋永嘉年间(307—313年)来到中国,正值中原大乱,于是随众南下建康,住于建初寺。他与东晋的王公大臣多有交游,丞相王导一见而称奇,称为"吾之徒也",引为同类,他由此声名大噪,被时人称为"高坐"。当时庾亮、周𫖮、谢琨、桓彝、卞壶等诸多名士,都与他情趣相投,交往密切。帛尸梨蜜多罗曾在石子冈(今南京雨花台)修头陀行,死后即葬于该地,后来有人在其地建寺,名为"高座寺"。又如康僧渊,也是西域人,出生于长安,东晋成帝时来到江南,常在街头行乞,不为人所知,后与名士殷浩谈论义理,言辞义旨,毫不逊色,于是声名闻达于建康。他长相深目高鼻,丞相王导拿这个与他开玩笑,他回答:"鼻者面之山,目者面之渊,山不高则不灵,渊不深则不清。"机智的应答受到时人的赞赏。再如竺法汰(320—387年),东莞(今山东沂水)人,与道安同学,同师佛图澄,东晋太元三年(378年),襄阳危难之际,在道安的安排下,率弟子前往江南,住建康瓦官寺。东晋简文帝请他讲解《放光般若经》,并亲自聆听,王侯公卿莫不参加,学众千数。

东晋最著名的僧人为支遁。支遁(314—366年),陈留(今河南开封)人,俗姓关,号道林,世称"支公""林公"。他二十五岁出家,先后在吴(今江苏苏州)、剡山(今浙江嵊州)、石城山(今浙江绍兴)等地创立佛寺,晋哀帝隆和元年(362年),应征前往建康,在东安寺讲经三年,上书请求回山,哀帝应允并给予他极其优厚的馈赠和照顾,一年后(366年)去世。支遁在东晋玄学极盛之时,以僧人身份参与清谈,不仅是一代高僧,更成为一代名士。他一生高朋如星,与谢安、王羲之、孙绰、许询、郗超等社会一等名流均有交往,受到众人的推崇。他以善谈玄理而名噪一时,所注的《庄子·逍遥游》,以佛理解玄,令众人叹服;作《即色游玄论》《释即色本无义》,主张"即色本空",为般若学"六家七宗"之一。

支遁之外,慧远也是东晋时期一代高僧。慧远(334—416年),雁门楼烦(今山西原平)人。当年道安在太行恒山弘法的时候,声闻河北,他于是前往拜谒,一见而倍加倾心,于是随之出家,跟随道安约二十五年,成为道安得意高足和得力助手。东晋兴宁三年(365年),道安南下襄阳时,他亦追随南游。东晋太元三年(378年),襄阳遭前秦军队攻打,城池危在旦夕之际,慧远在道安的安排下,带着一批僧人往南弘法,至庐山时,见此地清静足以栖息,于是在东晋太元六年(381年),在庐山建造了著名的东林寺。慧远在庐山东林寺一住三十多年,聚众讲学,培养弟子,著述阐义,弘扬佛法。他阐发"因果报应"说和"神不灭"说,调和儒家名教和佛教教义的矛盾,宣扬"儒佛合明"论等,对后来佛教的发展都产生了深远的影响,为南方佛教的流传奠定了雄厚的基础。东晋太元十六年(391年),罽宾(今克什米尔地区)沙门僧伽提婆来到庐山,慧远对他深加推崇,请译《阿毗昙心论》和《三法度论》并分别为之作序,开南方毗昙学之始。东晋隆安五年(401年),一代高僧鸠摩罗什到达长安时,他便立即致书通好,交流学术,就经义往复问答。东晋义熙六年(410年),佛陀跋陀罗到庐山,慧远十分高兴,请他译出《达摩多罗禅经》并为之撰序。慧远的这些举动,有力地推动了佛教禅法、般若学、毗昙学等在南方的广泛流传,庐山也因此成为东晋后期继建康之后的又一佛教中心。

（三）律藏残缺

以上是法显西行之时或稍前，佛教在中国传播的大致情况。当时一个突出的问题是，佛教经、律、论三藏中，经藏、论藏早已传入中土，但是律藏却迟迟未能传来。随着佛教的流行，僧众的增多，戒律已经远远跟不上现实的需要。由于对戒律无知，很多僧人的行为，在懂律的高僧看来都在犯戒。天竺僧人耆域于晋惠帝（290—306年）末年来到洛阳，看到出家人生活在繁华都城中，穿着华丽，于是"讥诸众僧，谓衣服华丽，不应素法"。后秦姚兴在支持鸠摩罗什译经、传教、弘法的同时，也一度下诏要求整顿僧众的行为："大法东迁，于今为盛，僧尼已多，应顺纲领，宜授远规，以济颓绪。"从对鸠摩罗什的态度看，姚兴对佛教是颇为倾心和支持的，饶是如此，也要下诏整顿教众纲纪，并设置僧官来加强管理，可见当时僧众的"颓绪"状态当十分严重。正如《弘明集·释驳论》所描绘的：

> 今观诸沙门……或垦殖田圃，与农夫齐流；或商旅博易，与众人竞利；或矜恃医道，轻作寒暑；或机巧异端，以济生业；或占相孤虚，妄论吉凶；或诡道假权，要射时意；或聚畜委积，颐养有余；或抵掌空谈，坐食百姓。斯皆德不称服，行多违法。

当时广大僧众种种行为，既触犯了当政者的统治秩序，又不合乎佛教的清规戒律，在统治者基于政权稳定而要求整顿教规的同时，佛界的高僧也基于佛法弘传的需要，在试图寻求戒律、创制规范。比如，道安在襄阳时，身边拥有数百人的僧众，为护持僧团之清静，制定了"僧尼轨范"。这是中土第一例僧制，后世称赞为"凿空开荒"的"僧制之始"。共为三项：一是行香定座、上经上讲之法；二是常日六时行道、饮食、唱时法；三是布萨、差使、悔过等法。这些条例从实践中形成，具有浓厚的中国本土色彩。

慧远在其师道安的基础上，对佛教戒律进行了更深入的探索。罽宾律师弗若多罗以精通《十诵律》著称，曾在长安与鸠摩罗什合译《十诵律》，不幸未译完而去世。慧远对此很是惋惜，后来以律藏驰名的西域高僧昙摩流支于后秦弘始七年（东晋义熙元年，405年）来到长安，慧远立即派遣弟子昙邕从庐山带亲笔信劝请补译《十诵律》。昙摩流支深为所感,再加上后秦君主姚兴的敦请,终于将弗若多罗未竟的部分译出,使《十诵律》成为中土第一部完整的律藏。慧远在写给昙摩流支的信中,曾写到"沙门德式,所阙尤多",这是对当时中土缺乏律藏的深深担忧,在劝请昙摩流支续译《十诵律》之前,他还于东晋太元十七年(392年)派遣弟子法净、法领赴西域取经。法领一行在于阗(今新疆和田)遇到佛陀耶舍,广集众经,得《四分律》《华严经》等新经,于东晋义熙四年(后秦弘始十年,408年)携经返回长安。

道安制定"僧尼轨范",慧远劝请译律、遣徒求经,无不反映了当时中土经卷不备、律藏残缺的现实窘境,法显西行,正是在这一背景下发生的。

(四) 求法先驱

在法显之前,从中土西行求法者,除了前文所提到的慧远的弟子法净、法领外,还有一些人。

最早的西行求法者,是曹魏时期的朱士行。朱士行,颍川(今河南禹州)人,少时出家,正值昙柯迦罗传来《僧祇戒本》并创行羯磨受戒,他依法受戒,成为中土第一个真正的僧人。朱士行以大法为己任,专心致志精研经典,在洛阳讲述当时颇为流行的《道行般若经》,但由于译者理解不透,删略过多,脉络不明,颇有语义不通之处,他感慨如此重要的大乘要典竟译得不彻底,发誓要寻找原本重译。于是在曹魏景元元年(260年),他从长安西行出关,渡过沙漠,辗转来到于阗(今新疆和田),得到《放光般若经》的梵本。他准备将此经带回中土,却遭到于阗当地的小乘学者的阻挠,不得已直到太康三年(282年),方由弟子弗如檀将此经送回洛阳。十年后的元康元年(291年),《放光般若经》被无罗叉和竺叔兰译出,成为汉地译出的第一部大乘佛经,一时风行汉地。一些学者对之注疏、用它讲说,借此经来弘扬佛法。朱士行则终身滞留于阗,八十岁时病寂。

稍晚于朱士行的,有康法朗。康法朗,西晋时期中山(今河北定州)人,自幼出家,持戒精严,常感叹不能亲遇圣人,立誓往天竺瞻仰佛迹。后邀同学四人,自甘肃张掖出发,西过流沙。行经三日,在途中看见一座旧寺庙,杂草丛生,几乎与人身等长,里面有破败房屋二间,于此中遇见神僧。神僧劝服他们"不须远游诸国,于事无益。唯当自力行道,勿令失时",并预言康法朗日后游历诸国,返回中土必将成为大法师。于是四人不复西行,唯康法朗独自往西,遍游诸国,研读诸经,后复返中山开座传法,阐扬法相之学,门徒数百。

此外,还有慧常、进行、慧辩一行到天竺求法,他们路经凉州,在此地活动数年。东晋咸安二年(372年),得到《先赞》《渐备》《须赖》《首楞严》四经,辗转送达给在襄阳的道安;第二年,又参加凉州刺史张天锡组织的译经,后未至天竺而返。

以上诸人是从陆上丝绸之路前往西域的,还有假海道西行的,例如东晋时期的于法兰。于法兰,高阳(今河北蠡县)人,十五岁出家,二十岁便声名远播,性好山泉,经常隐居于岩壑之间,听闻江东山水以剡县(今浙江嵊州)最奇,于是移居于当地石城山下。不久,他感慨"大法虽兴,经道多阙,若一闻圆教,夕死可也",遂发愿前往西域,欲求异闻。不料到达交州时,罹患重疾,卒于象林县(今越南中部)。与于法兰一同西行的,还有于道邃。于道邃,敦煌(今甘肃敦煌)人,十六岁出家,师事于法兰,后随之前往西域,亦在交趾患疾而亡。从于法兰、于道邃于剡县南下交趾的路线来看,他们前往西域的路线,当是要乘舟走海上丝绸之路。

这些早于法显西行求法之人,大多止于西域,有的甚至连西域都没有到,更不必说到达天竺。法显则后来居上,不仅是从中土达到天竺的第一批僧人之一,而且还是从陆路去、海路回的第一人。

二、早年生平

　　法显生平,以其自撰《佛国记》及南朝梁代的僧祐《出三藏记集》卷十五《法显传》和慧皎《高僧传》卷三《法显传》的记载最早、最为完备,其西行求法及归来之后的行迹,我们会在以后的章节详述,本章重点考察他西行之前的生平。盖法显西行之时,已是花甲老人,这里的"早年"并非我们一般所认为的中年之前或称成名之前,而专指西行之前的"早年"。

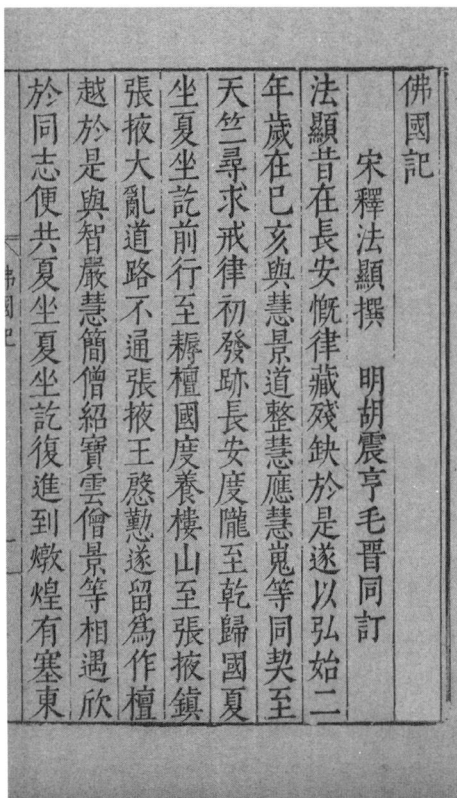

图1　《佛国记》(又名《法显传》)书影

（一）籍　贯

关于法显的籍贯,最早的《出三藏记集》和稍后的《高僧传》都记载为"平阳武阳"。这里,"平阳"为郡名。考平阳郡,为三国曹魏正始八年(247年)分河东郡汾水以北的十县所置,治所在平阳县(今山西临汾市西南)。西晋永嘉二年(308年),刘渊在攻取平阳、河东二郡后,正式称帝,不久(309年)迁都于平阳,平阳一度成为汉国政权的政治中心。319年,汉国分裂为刘曜前赵和石勒后赵两个政权后,平阳郡为石勒的后赵所拥有。终汉国和后赵时期,平阳郡所辖的属县,承袭西晋而来,然据《晋书·地理志》,平阳郡之下有平阳、杨、端氏、永安、蒲子、狐讘、襄陵、绛邑、濩泽、临汾、北屈、皮氏十二县,却不见有武阳县。这也成为研究法显籍贯至今悬而未决的一个疑案。法显及《佛国记》研究前辈章巽先生认为,"武阳"可能是"平阳"之讹误。平阳县故址在今山西临汾市尧都区。

然而,章巽先生以"武阳"为"平阳"之讹,只是一种推断和假设,并非定论。考《晋书·地理志》,另有阳平郡,下辖有东武阳县。考东武阳县,《汉书·地理志》及诸多史书均有记载。该县两汉时期属东郡,东汉建安十七年(212年),改属魏郡,曹魏黄初二年(221年),以魏郡东部为阳平郡后,又改属阳平郡。《魏书·地形志》中阳平郡下有武阳县,注曰:"二汉、晋属东郡,曰东武阳。"可见,北魏时期改"东武阳"为"武阳",仍属于阳平郡。今山东曲阜孔庙中有一方立于东汉永寿二年(156年)的《汉鲁相韩敕造孔庙礼器碑》,碑文中有"东郡武阳"字样,可知"东武阳"早在东汉便可不加"东"字而直接称"武阳"了,《魏书·地形志》所载,当是改东武阳为武阳的一种正式官方确认。《出三藏记集》和《高僧传》的作者僧祐(445—518年)和慧皎(497—554年)所生活的年代,正是北魏一统北方而达到鼎盛的时期(439—550年),其记载一定有所来源,我们认为,"阳平"与"平阳"仅有两字前后颠倒之别,因此"平阳武阳"亦有可能是"阳平武阳"之讹误。东武阳(武阳)县的故址在今山东阳谷、莘县一带。

（二）生　卒

法显的生卒年份也无定说。这里，我们先考定法显的卒年，然后以法显所活的年岁，来反推法显的生年。

《出三藏记集》卷三"六卷泥洹出经后记"中记载，法显于东晋义熙十三年（417年）十一月一日始译《大般泥洹经》，至义熙十四年（418年）正月一日译出；又，法显在译出《大般泥洹经》后，还从长江下游的建康到了长江中游的荆州，可见法显的卒年不应早于418年。《出三藏记集》卷三"弥沙塞律记"又记载，法显生前已经译出了多部佛经，《弥沙塞律》一部"未及译出而亡"，直至南朝宋景平元年（423年）七月佛大什来到建康，同年十一月被请翻译此经。那么，法显的卒年不应晚于公元423年佛大什译经。也就是说，公元418年与公元423年，是法显卒年的上下极限。

《出三藏记集·法显传》中记载法显享年八十二岁，《高僧传·法显传》则作八十六岁。如此，反推法显生年当在公元333年（卒于418年，享年八十六岁）与公元342年（卒于公元423年，享年八十二岁）之间。

我们将上述生、卒年的上下极之间各取平均数，那么法显大约生于公元337年，卒于公元420年。

（三）行　迹

法显俗姓龚，上面曾有三个哥哥，但都在童年时夭折，父母害怕他也蹈此覆辙，因此在法显三岁时，就让他做了小沙弥。法显因年龄太小而在家居住，不料几年后身患重病，眼看就要死掉，父母只得将他送到寺庙。说也奇怪，法显在寺庙住了两宿，病就好了，从此便不愿回家。法显的母亲思念儿子，但碍于法显乃出家之人不便还家，于是在大门外盖了一间小房子，以方便法显去留。

法显十岁那年，父亲去世，叔父考虑到他的母亲寡居难以生活，便要他还俗。法显当时的佛教信仰已非常虔诚，对叔父说："本不以有父而出家也。正欲远尘离俗，故入道耳。"他的叔父听闻后，也便不再勉强。不久，他的母亲也去世了，他回去办理完丧事，仍即还寺。

青少年时代的法显，至性过人，表现出不同常人的器根。有一次，法显与一众沙弥在田中收割稻谷，遇到一群饥饿的盗贼前来抢夺粮食，其他人都惊恐逃走了，唯有法显独守田间，对盗贼说道："你们如果需要粮食，就随意拿去吧。只是你们现在这样贫穷，就是因为前世没有布施行善。现在你们又抢夺他人粮食，恐怕来世的境遇只会更坏。我真是为你们担忧啊！"说完，法显才从容而去。盗贼却被他不凡的语言说服，弃粮而去。寺院上下僧众数百人听闻后，莫不叹服。

法显二十岁时，受了具足戒，这是比沙弥所受的十戒更加严苛和繁复的戒律，戒条多达二百五十项，故又称大戒。出家人受持此戒，方取得正式的僧人资格，受了大戒的法显，更加坚定了对佛法的信仰，"志行明洁，仪轨整肃"。

以上是法显西行之前的早年生平。法显自二十岁受具足戒后，直至西行之前的经历，因史料阙如，我们基本无从知晓。但是，我们可以推知的是，法显早年生活的时代，正是佛图澄和道安先后在后赵、前秦大弘佛法的时代，尤其是道安，于公元379年来到长安后，在前秦君主苻坚的支持下，全力弘法译经，招引了大量的本土和西域的高僧，使长安成为整个北方中国的佛教中心。长安浓厚的礼佛氛围和无数的大德高僧，对虔诚礼佛的法显无疑具有巨大的感召力。法显是哪一年来到长安的，已经不可确知，我们唯一知道的是，他来到长安后，对"经律舛阙"的慨叹一直没有化解。于是，在公元399年的某一天，年过花甲的法显，从长安出发，毅然决然地踏上了西行求法之路，开启了他波澜壮阔的旅途。

三、西域游历

后秦弘始元年(399年),正是姚兴执政的第六个年头。这一年,天灾频频,姚兴乃自降帝号为王,并改元为"弘始"。这一年,一代高僧道安去世已经十四年了,另一位高僧鸠摩罗什则还淹留在凉州,等姚兴将他迎至长安,则是两年以后的事情。这一年,法显已经六十二岁了,为了寻找完备的戒律,他与几位志同道合的僧侣慧景、道整、慧应、慧嵬等离开了长安,踏上了西行之路。

(一) 乾归国夏坐

姚兴改年号为"弘始",在当年的九月,那么法显等人起身应该在公元399年阴历九月至十二月的某一天。他们翻过位于今陕西陇县和甘肃清水县交界的陇山,来到他们西行的第一站——十六国之一的西秦的都城。西秦(385—431年),为鲜卑人乞伏国仁在淝水之战后所建,极盛时拥有今甘肃西南部和青海的一部分。史载,西秦立国之初的都城在勇士城(今甘肃兰州榆中县东北),公元388年乞伏国仁去世,其弟乞伏乾归继位后,迁都金城(今甘肃兰州城区),公元400年正月又迁都至苑川,即原来的勇士城。由于法显来到西秦时,正值乞伏乾归执政,因此在《佛国记》中,称此地为"乾归国"。

这里的问题是:法显所称的"乾归国",到底是金城还是苑川?查今天陕西西安至甘肃兰州,步行距离六百多公里,以人日行四十公里计算①,大

---

① 法显曾自述穿越今甘新库木塔格沙漠时,历时17天,行程1500里。按,东晋1里折合440米,1500里约660公里,那么他们一天行程约38.8公里,这还是他们在环境极其恶劣的沙漠中行进的速度,若在一般路面上行走,速度肯定会更快。

约需要十五天,考虑到法显当时还要翻越陇山,那么他最多二十天便能到达。法显是公元399年阴历九月至十二月间出发的,而乞伏乾归从金城迁都苑川在公元400年正月,如果法显是在公元399年阴历九月、十月、十一月乃至十二月初出发的,那么他到达"乾归国"的时间,便会在400年正月迁都之前,也就是说"乾归国"应该是金城。但是,后文法显又说他在"乾归国夏坐"。考夏坐,又称夏安居、雨安居,古印度每年阴历五至八月为三个月的雨季,为避免伤害草木、小虫,佛教禁止僧人外出,在阴历五月十六日至八月十五日的安居期内,于寺院内接受供养,坐禅修学。也就是说,法显399年的夏坐,只能是当年的五月至八月,而那时候,姚兴的年号还是皇初而非弘始。年号是古人纪年的一种重要方式,法显撰《佛国记》时,身在东晋,载述他十余年前西行求法的起始时间,没有采用东晋的年号(哀帝隆安三年),而用他离开长安时后秦的年号(姚兴弘始元年),说明他绝非随意为之的,这个日子是他起始西行的重要时间,一定不会记错。法显说他从弘始元年(399年)西行,至"乾归国夏坐",而姚兴改元弘始为当年九月,早已过了夏坐时间,因此这次夏坐便绝不可能在弘始元年(399年),而只能在弘始二年(400年)。夏坐时,僧人是禁止外出的,既然这次夏坐在400年,那么法显所到达的"乾归国"就不会是金城,而一定是400年正月迁都之后的苑川(今甘肃兰州榆中县东北)。进而推之,既然法显所到的"乾归国"已经是苑川,那么他西行出发的日子,便很有可能在弘始元年(399年)十二月的下旬,因此在他到达"乾归国"的时候,已经是第二年(400年)的正月,而这时恰值乞伏乾归将都城迁至苑川。

法显在乾归国(苑川)的这次夏坐,是他离开长安后的第一次夏坐,在《佛国记》(即《法显传》)中具有很重要的时间标识意义。也许古人早就已经关注到这一问题了,所以章巽先生在做《法显传校注》时,就发现各古本《法显传》记载法显西行之始的时间均将"弘始元年"误为了"弘始二年",这可能不是巧合或简单文字讹误。

法
显
传

（二）穿越沙河

法显等人在乾归国（苑川）夏坐结束后，继续前行，来到了"耨檀国"，即十六国中南凉的都城。南凉（397—414年），为鲜卑人秃发乌孤所建，极盛时拥有今甘肃西部和青海的一部分。初都乐都（今青海海东市乐都区），399年，秃发乌孤死后，其弟秃发利鹿孤继位，迁都西平（今青海西宁市），402年，秃发利鹿孤死后，其弟秃发傉檀嗣位，又迁都回乐都（今青海海东市乐都区）。法显一行来到南凉时，正值秃发利鹿孤在位，但利鹿孤只是"垂拱而已"，真正掌握军政大权的为其弟傉檀，因此法显称南凉的都城西平（今青海西宁市）为"耨檀国"（耨、傉通用）。

在耨檀国（西平）短暂停留后，法显一行继续前行，来到了张掖（今甘肃张掖市甘州区）。张掖当时为十六国之一北凉的都城。北凉（397—439年），是匈奴人沮渠蒙逊等人，于397年拥立原后凉建康（今甘肃高台县）太守段业所建立的政权，强盛时据有今甘肃西部。399年二月，段业入据张掖，称凉王；401年六月，沮渠蒙逊起兵夺位，进攻张掖，杀死段业。法显一行来到张掖时，正值沮渠蒙逊起兵攻打张掖，所以法显在《佛国记》中记载："张掖大乱，道路不通。"但是，当时北凉君主段业对法显一行十分礼遇，愿意做檀越（佛教对资助者的称谓）资助他们。法显等人于是暂时居留在了张掖，在这里遇到智严、慧简、僧绍、宝云、僧景等人，一起在此夏坐。

张掖夏坐结束后，法显一行继续西行，来到了敦煌（今甘肃敦煌市），受到当时敦煌太守李暠的资助。起始于长安的丝绸之路，经过河西走廊到达敦煌后出玉门关，分成南北两线，无论南线还是北线，敦煌都是必经之处，因此敦煌商业昌盛，文化繁荣，成为西域和中原之间"华戎所交"的中转站。法显在这里居留了一个多月，与宝云等人别过后，和慧景、道整、慧应、慧嵬一行五人，跟随李暠遣往西域的使者，向着他们西行第一个真正的难关——沙河出发了。

沙河，即今位于甘肃和新疆之间的甘新库木塔格沙漠，又称白龙堆沙、三陇沙，是古代丝绸之路的主要通道，素以凶险而让往来的商旅生畏。法显一行在张掖夏坐结束的时间为阴历八月中旬,西行约六百公里至敦煌,需要步行约半个月,当在九月上旬到达敦煌,又在这里居留一月有余,因此他们穿越沙河的时间当为阴历十一月初,已经是秋冬季节。法显一行进入大漠深处,便领略到了大自然的无情,他在《佛国记》中这样描述到:

> 沙河中多有恶鬼、热风,遇则皆死,无一全者。上无飞鸟,下无走兽。遍望极目,欲求度处,则莫知所拟,唯以死人枯骨为标识耳。

甘新库木塔格沙漠,因风力长期侵蚀岩土、河湖堆积层,导致地面凹凸不平,形成边坡极陡的一系列平行的丘岗、垄脊、沟槽,长数米、数十米乃至数百米,形似游龙,有的上覆白色盐碱壳,又称为白龙堆。每当大风刮起,黄沙遮天蔽日,如箭的气流在怪石、土台间激荡回旋,凄厉呼啸,若众鬼聚集,令人毛骨悚然,若在月光惨淡的夜晚,四周萧索,情形更为恐怖。

法显等人在这种恶劣的环境下,凭着心中虔诚的信仰,艰苦跋涉十七个昼夜,行程"千五百里"(东晋1里为440米,折合660公里)后,终于穿越了沙河,来到了西域的第一个国家——鄯善国。

(三) 鄯善国观俗

鄯善国,还有一个更让人熟知的名字——楼兰,是丝绸之路出敦煌后,南线上的第一个国家。楼兰约在公元前三世纪前后建国,先臣服于大月氏,匈奴击败大月氏后,又附属于匈奴,汉武帝元封三年(前108年),降服于汉朝。之后,汉朝与匈奴曾在此地展开反复争夺。西汉昭帝元凤四年(前77年),将楼兰南迁至扞泥城(今新疆若羌县),并改名鄯善。至东汉明帝永平年间(58—75年),鄯善逐步向西扩张,吞并周围的且末、精绝、若羌等小国,与于阗并列为塔里木盆地南缘绿洲(即丝绸之路南线)中两大强国。东汉、曹魏、西晋、十六国时期,鄯善国大部分时间臣服于中原王朝,成为西域长史的驻地。北魏太武帝太平真君六年(445年),攻陷鄯善国,任命韩牧为鄯善王,并在鄯善设置了西戎校尉府。大约在五世纪末,由于人为战乱以及自然流沙侵袭等原因,鄯善城(楼兰城)湮灭,从此销声匿迹,直到一千多年后的二十世纪初,被瑞典探险家斯文赫定发掘出来。

法显达到鄯善的时间为公元401年,是在它彻底消失的一百多年前,正值它最后的辉煌。法显所到达的鄯善国都,名为扜泥城,位于今新疆若羌县南。法显在《佛国记》中曾这样描述鄯善的风土人情:

> 俗人衣服粗与汉地同,但以毡褐为异。其国王奉法。可有四千余僧,悉小乘学。

大意是说,当地俗人所穿的衣服样式,与汉地类似,只是质地不同,是用毛皮织成;鄯善国王信奉佛法,这里有四千多名僧人,都修行小乘佛法。细心的法显还发现,这里的人们奉行印度的生活习俗和法律,国中僧人都读梵文经书,以梵语为交流语言。这一切,更加坚定了法显向西取法的决心。

法显一行在鄯善休整一个月后,继续上路,往西北行走十五日,来到了“遇客甚薄”、不甚友好的焉夷国(今新疆焉耆县)。在这里居住两个多月后,取道西南方向横穿塔克拉玛干沙漠,经过一个月零五天的艰难跋涉,来到了西域第三个国家——于阗(今新疆和田县)。

(四) 于阗国观行像

于阗(今新疆和田县)也是丝绸之路南线上的一个重要国家。于阗约于公元前三世纪由尉迟氏建国,东汉明帝永平年间(58—75年),吞并精绝以西至疏勒的十三国,国势强大,与鄯善并为丝绸之路南线的两强。西晋、十六国时期,于阗仍向中原政权进贡。西晋时,国王被封为“晋守侍中大都尉奉晋大侯亲晋于阗王”。北魏太平真君六年(445年),吐谷浑慕利延败退到于阗,杀于阗王而据其国,土谷浑人走后,于阗复国,但国势大衰。唐太宗贞观二十二年(648年),于阗正式隶属唐朝,于高宗显庆三年(658年)被编为安西四镇(龟兹、焉耆、于阗、疏勒)之一。吐蕃崛起后,于阗成为唐朝与吐蕃反复争夺之地,几度被吐蕃灭国。九世纪中叶,吐蕃势力衰退,于阗复国。十世纪国势复振,后晋天福三年(938年),国王李圣天被册封为“大宝于阗国王”;宋太祖乾德四年(966年),李圣天自称“大朝大宝大圣大明天子"。从十世纪中叶起,信奉佛教的于阗国和信奉伊斯兰教的喀喇汗王朝之间爆发了长期的宗教战争,最后终于在公元1007年左右被喀喇汗王朝击败,于阗国亡。

于阗是西域诸国中大乘佛教的中心之地,也是大乘佛教向中原腹地传播的重要节点。我国最早的西行求法者朱士行,当年辗转西行的终点便是于阗,他在这里求得大乘经典《放光般若》的梵本。法显于公元402年来到于阗国时,正值于阗国势、佛法的鼎盛时期。这里人民富裕,生活丰乐,国家有僧侣数万,饮食都由国王供给,普通人家都在门前立一座小塔,并在塔周围建造四方形的僧房,专供行游僧侣居住。

法显被于阗国王安顿在了瞿摩帝寺,这是于阗国最著名的一座大乘寺庙,位于今新疆和田县西南40公里的库马提("库马提"即"瞿摩帝"的异译),直到十一世纪初于阗国灭亡之前仍香火不绝。当时瞿摩帝寺共有三千多僧人,由于法显是求取戒律而西行的,于是他特意观察了寺中僧人吃饭时的仪式:在木鱼、钟磬等的敲击声中,僧众威仪整肃,次第而坐,寂然无声,甚至连碗钵的碰撞声都没有,要添食时,也只是以手相招而不出声。

为了观看当地佛教"行像"仪式,法显特意在于阗国居留了三个月。所谓"行像",是指在佛诞日,用装饰过的车辆载着佛像在城市街道上行走,以供人瞻仰的一种佛教仪式。公元402年阴历四月一日,行像开始,法显在《佛国记》中详细描述了当时的盛况:

> 从四月一日,城里便扫洒道路,庄严巷陌。其城门上张大帏幕,事事严饰,王及夫人、采女皆住其中。瞿摩帝僧是大乘学,王所敬重,最先行像。离城三四里,作四轮像车,高三丈余,状如行殿,七宝庄校,悬缯幡盖。像立车中,二菩萨侍,作诸天侍从,皆以金银雕莹,悬于虚空。像去门百步,王脱天冠,易着新衣,徒跣持华香,翼从出城迎像,头面礼足,散华烧香。像入城时,门楼上夫人、采女遥散众华,纷纷而下。如是庄严供具,车车各异。

于阗城中有十四座大型的寺庙,每座寺庙轮流行像一日,瞿摩帝寺最大,由瞿摩帝寺最先行像,以后次第由每座寺庙相继举行,从四月一日开始至四月十四日止,一共行像十四天。载着佛像的四轮车,高达三丈多,犹如一座行动的宫殿。佛像从距离王城三四里之外开始向城内行进,待到离城百步时,国王脱去天冠,换上新衣,赤脚持香、花出城迎接,并施以最隆重的"头面礼足"礼。佛像入城后,门楼上的夫人、采女们纷纷往下洒落花瓣,场面十分宏丽。由于中原地区还没有这样的行像仪式,这次在于阗看到的佛诞日行像时壮观的游行,规模浩大,气势宏伟,给法显留下了难忘的印象。《佛国记》中的这一段文字,也成为我国较早关于佛诞日行像的记载,中原地区佛诞日行像行为,也大约在这以后开始流行开来。

(五) 竭叉国预无遮大会

在于阗观看完行像后,法显一行立即启程,经过二十五日的行程,他们来到了子合国(今新疆叶城县奇盘庄)。在这里居住十五日后,往南行进四日,来到于麾国(今新疆叶城县西南叶尔羌河上游峡谷一带),并在这里夏坐安居。按,法显于公元399年阴历九月以后离开长安,行程中第一次夏坐是400年于乾归国,第二次是401年于张掖镇,这是402年的第三次夏坐。夏坐安居结束后,他们继续向北行进二十五日,来到了竭叉国(今新疆塔什库尔干塔吉克自治县)。

竭叉的佛教也很兴盛,只是与于阗不一样,这里多信奉小乘佛教,且教众喜欢搜集、供奉佛宝,法显在这里便看过石制的"佛唾壶"。法显来到这里时,正值竭叉国王举行五年一次的无遮大会(般遮越师)。无遮大会是佛教一种广结善缘的大斋会,因不分贵贱、僧俗、智愚、善恶,一律平等对待,故称"无遮",曾广泛地流行于印度及西域。一心求法的法显自然不会错过这次盛会,欣然参与,并在《佛国记》中描绘了当时的情形:

> 值其国王作般遮越师。般遮越师,汉言五年大会也。会时请四方沙门,皆来云集,集已,庄严众僧坐处,悬缯幡盖,作金银莲华,著缯座后,铺净坐具。王及群臣如法供养,或一月、二月,或三月,多在春时。王作会已,复劝诸群臣设供供养,或一日、二日、三日、五日。供养都毕,王以所乘马,鞍勒自副,使国中贵重臣骑之,并诸白氎、种种珍宝、沙门所须之物,共诸群臣,发愿布施。布施已,还从僧赎。

无遮大会多举行于春季,因需要长期供养大量僧侣、信徒,花费极大,非一般人所能承担,因此一般由君王、贵臣举行。根据法显的记载,国王的供养少则一月,多则三月,然后再由各大臣轮流供养一日、二日、三日、五日不等;供养结束后,国王让贵重的大臣骑着自己的马,带上白布、珍宝及僧侣所需的物品,布施给广大僧众;布施结束后,再从僧人那里赎回。

法显《佛国记》中的这段文字,是我国典籍中较早关于无遮大会的历史记载。此后,无遮大会渐由西域传入中原。梁武帝中大通元年(529年)在同泰寺举行的无遮大会,是我国中土最早的无遮大会,但已是距法显一百多年后的事情了。

竭叉国在葱岭东端,往西翻越过去,便可进入天竺境内。

（六）翻越葱岭

葱岭,即今新疆西部帕米尔高原及周围诸山,为古代东方和西方陆路交通的必经之地。高大的昆仑山、喀喇昆仑山和天山在此交汇,形成一道天然的屏障。这里终年积雪覆盖,自然景观壮丽,但要翻越过去,却是艰险异常。法显在《佛国记》中对这段行程描述到:

> 葱岭冬夏有雪。又有毒龙,若失其意,则吐毒风,雨雪,飞沙砾石。遇此难者,万无一全。

法显所说的"毒龙",其实就是雪崩。在气候恶劣的雪山上,雪崩随时可能发生。面对如此的艰险,法显一行凭借执着的信念,义无反顾地向西前行。经过一个月的艰难跋涉,他们终于成功地翻越了葱岭,来到了北天竺。

四、天竺求法

古印度是世界四大文明古国之一,我国西汉时称之为"身毒",东汉时称之为"天竺",唐代玄奘取经后称之为"印度"。古印度的地理范围大约与印度次大陆相当,包括今天的巴基斯坦、印度、尼泊尔、孟加拉等国。在近代英国殖民者到来之前,古印度地区一直存在着大大小小的邦国,中间虽出现过几个强大的国家,但都没有建立真正的大一统政权。如同中华文明起源于黄河、长江一样,古印度文明起源于印度河、恒河。印度河发源于我国西藏阿里地区的冈底斯山脉,众多的支流汇聚其中,先向西北流经克什米尔地区,然后向西南穿越今巴基斯坦,最后注入阿拉伯海。恒河发源于喜马拉雅山南麓的雪峰中,是印度第一大河,支流繁多,由西北向东南,横贯物产丰饶的恒河平原,在孟加拉国境内注入孟加拉湾。印度河和恒河所形成的冲积大平原,土壤肥沃,气候湿润,成为世界古老文明的发源地之一。

中国古代一般习惯将古天竺(印度)区分为北、西、中、东、南五天竺,除了南天竺外,法显在北、西、中、东四天竺都有过游历。他先入北天竺,经西天竺,到达中天竺,然后经东天竺,抵师子国,并由师子国取海道回中土。据法显《佛国记》,他所游历的北天竺、西天竺包括陀历国、乌苌国、宿呵多国、犍陀卫国、竺刹尸罗国、弗楼沙国、那竭国、罗夷国、跋那国、毗荼国十国,地理位置大约在今克什米尔、阿富汗、巴基斯坦等境内;中天竺、东天竺包括摩头罗国、僧伽施国、沙祇大国、拘萨罗国、迦维罗卫国、蓝莫国、毗舍离国、摩竭提国、迦尸国、拘睒弥国、瞻波大国、多摩梨帝国等十三国以及㘋饶夷城、都维邑、那毗伽邑、拘夷那竭城、王舍新城、薪沙王旧城、伽耶城、波罗奈城等城邑,地理位置大约在今印度北方邦、比哈尔邦、西孟加拉邦以及尼泊尔南部。

（一）陀历国过弥勒像

法显一行翻越葱岭,进入北天竺的第一站,是陀历国。陀历国,位于今克什米尔西北部的达丽尔,这里有一条佛法从印度传往中国的重要古道——陀历道,法显正是取此道入天竺。

法显来到陀历国时,瞻仰到一尊底座八尺(约合1.96米)、全高八丈(约合19.6米)的弥勒菩萨木雕像。弥勒菩萨为佛教著名菩萨之一,相传他是继承释迦牟尼的佛,因此有时也被称为弥勒佛。根据佛教教义,未来佛在作补位菩萨时,都要在兜率天中讲说佛法。当年释迦牟尼被燃灯佛预言成佛,作为补位菩萨,便居住在兜率天,后从此天投生人间成佛。现在弥勒菩萨又是释迦牟尼预言的未来佛,因此也必定同释迦牟尼佛一样,居于兜率天中讲法,经过长久修行后来到世间成为新佛。据法显《佛国记》记载,陀历国的这尊弥勒像,为一位具有无上神通的罗汉,将一位巧匠带上兜率天,仔细观察弥勒菩萨的身高、体型、肤色、相貌,然后回人间,如此反复上天下地,观看了三次,才雕刻而成。

故老相传,自从弥勒像雕成后,就有僧人带着佛典渡河,来到陀历国,并沿陀历道,将佛法传到遥远的东土,正所谓"大教宣流,始自此像",这尊弥勒像,对于佛教东传来讲,可谓意义非凡。据说,当年弥勒像成、僧人过河的时间,在释迦牟尼涅槃后三百年。释迦牟尼涅槃的时间在公元前486年,三百年后约在公元前180年,时当我国西汉惠帝、文帝时期(前195—前157年);以此为起点,再过约一百八十年(前2年),便有大月氏国伊存来长安口授《浮屠经》,约二百四十年(64年),便有汉明帝梦佛求法、蔡愔白马驮经回洛阳。

僧人所过之河,便是印度河。印度河从东北往西南流淌,其上游为山谷地区,在古代交通极其不便,法显在《佛国记》中写道:

> 其道艰岨,崖岸崄绝,其山唯石,壁立千仞,临之目眩,欲进则投足无所。下有水,名新头河。昔人有凿石通路施傍梯者,凡度七百,度梯已,蹑悬絙过河。河两岸相去减八十步。九译所绝,汉之张骞、

甘英皆不至。

文中的"新头河",是"印度河"的异译,以两岸相距不足"八十步"(折合约118米)来看,当是印度河的支流。这里山势陡峭,山路难行,仰视壁立千仞,俯瞰河水滚滚,行至难处甚至无从下脚,过河则需要小心地踩着粗绳子攀缘过去,对于中土之人来讲,可谓道路险远的"九译所绝"之地,即便汉代的张骞、甘英也不曾来过。早期佛教传播的路途艰难,于此可见一斑,若非胸怀坚定信仰,焉能过得了如此难关?

(二) 乌苌国观佛足迹

从陀历国出发,顺着山路往西南行进十五日,渡过"新头河"(印度河),便来了乌苌国。乌苌国,位于今巴基斯坦北部斯瓦特河流域,这里地处北天竺,国人信仰小乘佛教,语言、衣服、饮食跟恒河中游的中天竺相似。乌苌国佛法兴盛,全国共有寺庙五百处,若有外来的僧侣到来,寺庙一般会精心供养三日,三日过后,便要求自求他处。

乌苌国一度是早期印度佛教传播的最边界之地,直到陀历国立弥勒像,佛法才由此向北、向东进一步传播。相传,乌苌国是释迦牟尼晾晒袈裟、降伏恶龙的地方。据佛教神话,在释迦牟尼佛之前的迦叶佛时代,这里有一条名叫殑祇的龙,精通巫术,能禁御其他恶龙,不令暴雨,国人赖以蓄粮生存。为报答此龙的恩德,民众都按时供养谷物给它。但后来时间长了,有人便拖欠不交。殑祇龙于是含怨,立下誓言,愿成为恶龙,暴行风雨,损伤庄稼。后来它命终之后,果真变成了池中恶龙,令池中流出白水,损伤地利。释迦牟尼怜悯这里的人民,前来教化弘法。恶龙喷怒,兴发大风雨,将佛祖袈裟淋得通透,佛祖选择一块大石,东面而坐,晒晾袈裟。后来,佛祖用金刚杵击碎山岩,恶龙震惊惧怕,才皈依了佛祖。当年佛祖晒晾袈裟的地方和度化恶龙的地方,在这里都有遗迹。佛祖降服恶龙后,留下足迹,飘然而去。法显来到时,还亲眼见过这些足迹:"或长或短,在人心念",足迹随所观之人的福力大小而长短不定,福力长所见则长,福力短所见则短。

除了慧景、道整、慧达三人先行，前往那竭国观看佛影外，法显与其他同行者一起，在乌苌国夏坐。这是他们西行路上的第四次夏坐，时当403年阴历五月至八月。

（三）宿呵多等国观释迦四塔

乌苌国夏坐结束后，法显一行南下，到宿呵多国；从宿呵多国东行五日，到犍陀卫国；从犍陀卫国东行七日，到竺刹尸罗国。法显在此三国，观访了四座与释迦牟尼本生（即佛祖前世）故事有关的佛塔。

第一座塔，为尸毗王割肉贸鸽塔，位于宿呵多国。宿呵多国与乌苌国临近，位置在今巴基斯坦北部斯瓦特河流域。据佛教神话，佛祖释迦牟尼前生有一世为尸毗王，发誓救护一切众生，以证菩萨道。帝释天试其诚心，令毗首羯摩天变成鸽子，自己变成饿鹰，追逐鸽子直至尸毗王前。鸽子躲进尸毗王腋下，饿鹰对尸毗王说："鸽子还我，那是我的食物，不是你的东西。"尸毗王说："我曾发下宏誓，救度一切众生脱离苦海，鸽子不能给你。"饿鹰说："你普度众生，我也是众生之一，你为何独独不怜悯我，反而强夺我的食物？"尸毗王说："你要吃什么，我来给你。"饿鹰说："我只吃新鲜的血肉。"尸毗王心想不能救一害一，于是割下自己一块大腿肉，对饿鹰说："你来吃吧！"饿鹰说："我要吃跟鸽子等重量的肉，才显得公平！"尸毗王便拿来天平，一边放鸽子，另一边放自己的肉。不料鸽子极重，王只好又割大腿肉，两腿割尽，还是不够。王再割自己小腿、两臂、前胸、后背，乃至全身血肉，天平上还是鸽子重。尸毗王准备自己跳上天平，以求与鸽子重量相等。此时，大地震动，天花洒落，帝释天和毗首羯摩天现出原形，颔首嘉许，以神力让尸毗王身体恢复了原样。后来，释迦牟尼成佛后，与诸弟子云游至此，对弟子说："这里便是我前世割肉贸鸽的地方。"宿呵多国民众得知后，便在当地建造了一座用金银装饰的佛塔。

图2　尸毗王割肉贸鸽图（敦煌莫高窟第254窟壁画）

　　第二座塔，为快目王以眼施人塔，在犍陀卫国。犍陀卫国，曾经是阿育王之子法益统治的地方，地理位置大约在今巴基斯坦北部斯瓦特河流入喀布尔河的附近一带。据佛教神话，释迦牟尼曾有一世为快目王，眼睛犀利明亮，而且爱民好施，凡是人民之所求，无不应允。在他的辖境内有一小国，国王耽于淫乐，致使民不聊生，怨声载道。快目王决定兴兵讨伐。小国国王很是不安，找来一位盲眼的婆罗门，让他向快目王乞求眼睛。盲眼婆罗门来到快目王面前，说道："我自出生以来，就没有见过世界的样子。您是世界上最善良的人，能帮我解脱苦难，求您给我一双眼睛，让我看到世界的光明。"快目王说："请不要悲伤，我愿意满足你的愿望。请住在王宫里静候七日，七日后，我会把我的眼睛给你。"七天后，快目王果然用利刃剜出双眼，慷慨地送给了盲眼婆罗门。此时万民恸哭，惊天动地。众天神见后无比赞叹，散下香花。帝释天来到快目王的身边，问道："承受这么大的痛苦，后悔吗？"快目王立誓道："我剜眼布施，为的是救济万民，绝无悔意！如果我说的话完全属实，就让我重见光明。"誓毕，快目王两眼复明，更胜于前。

图3　快目王以眼施人图（敦煌莫高窟第275窟壁画）

　　第三座塔，为月光王以头施人塔，在竺刹尸罗国。此国位置在今巴基斯坦北部的拉瓦尔品第市西北。据佛教神话，这里曾经有一位月光王，当然也是佛祖在过去世修菩萨行的前身。他慈悲为怀，广修布施，声名远播。一位婆罗门不相信月光王的品德善行，认为他只是沽名钓誉，心想："众生最不舍性命，如果我要求月光王布施身命，他一定拒绝，就可拆穿他伪善的面目了。"婆罗门来到月光王面前，大声道："听说您修大布施，愿舍弃一切，我想向大王要一样东西。"月光王道："只要您需要，我都愿意布施。"婆罗门道："我要你的头！"月光王的臣民十分生气，纷纷指责婆罗门的不逊。月光王对婆罗门说："你今天要我的头，是宿怨所逼，我绝不嫌恨。可是你当省察心念，反观自照，如果放纵习气，随意起瞋念，就会障蔽净性，而离道愈来愈远。"婆罗门不为所动："现在我只要你的头，其他不必多说！"于是，月光王任由婆罗门把他绑在树上，砍下头去。其实，仰仗诸佛菩萨及护法龙天的神力，婆罗门所砍的，不过是树枝，但他自以为得逞，心中的怨恨消解，回到深山中继续修行。而月光王也平安地回到王宫。

　　第四座塔，为摩诃萨埵太子投身喂虎塔，也在竺刹尸罗国。投身喂虎塔在以头施人塔的东面,两者相距两天的行程。据佛教神话,释迦牟尼的前生有一世为摩诃萨埵太子,一天和两位哥哥到深林打猎,来到一处陡峭的悬崖边,看到崖下山谷有七只刚出生的小虎,围绕着一只母虎嗷嗷待哺,母虎因生产和饥饿而奄奄一息,无力哺养。面对如此惨状,摩诃萨埵暗暗发誓,要不惜生命解救它们。他怕两位哥哥阻拦,便让哥哥们先行回家,然后来到老虎身边,脱去衣服,躺在虎嘴旁,让母虎食用,可母虎连进食的力气都没有。于是摩诃萨埵爬上悬崖,攀折树枝,刺破身体,让热血流出,再跳下悬崖,来到母虎身边。母虎闻到血腥,睁开眼睛,慢慢地舔食热血,逐渐恢复体力,便把摩诃萨埵的身体全部吃掉,只剩下一堆骨头毛发。在回家途中,两位哥哥久等不见弟弟摩诃萨埵赶来,便回头寻找,至山谷崖边仍不见踪影,只见母虎精神焕发,正在哺食小虎,身旁一堆刚刚被食的残骸,这才知道弟弟已经舍身饲虎,顿时嚎啕大哭。后来,国王在摩诃萨埵太子投身喂虎之地安埋遗骨,并修塔怀念。

割肉贸鸽、以眼施人、以头施人、投身喂虎,都是释迦牟尼前世修行的"本生故事",在佛教中广为流传,至今不衰。以上四塔,合称释迦四塔,法显当年来到这几国时,看到当地人竞相供养,"散华然灯,相继不绝"。

(四) 弗楼沙国观佛钵

从犍陀卫国南行四日,到弗楼沙国,故址在今巴基斯坦白沙瓦市。弗楼沙乃印度著名君主迦腻色迦王的都城。迦腻色迦王是北印度犍陀罗国贵霜王朝的第三任君主,在他统治时期(约127—151年),将首都从中亚迁至弗楼沙,并以此为中心,大肆开疆拓土,向东从恒河上游推进到恒河中游,向南推进到纳巴达河,向西打败安息国,扩至伊朗东部,缔造了一个雄踞亚欧大陆中央的大帝国,与东方的中国和西方的罗马均有过接触。迦腻色迦王也是印度佛教史上与阿育王并称的护法二王之一,对佛法弘扬不遗余力,身边聚集了一批高僧如世友、马鸣、胁尊者、龙树等,都受到了近乎国宝级的待遇。迦腻色迦王对佛教最大的贡献,在发起和护持了一次重要的结集大会。这次大会由世友、胁尊者主持,各派高僧云集,可谓一时之盛,被称为佛教史上第四次结集,规模远超前三次。也正是通过这次佛教大结集,印度佛教有了新的发展,倡导普度众生的大乘佛教派兴起,他们将此前的佛教各派称为小乘佛教,并将佛陀偶像化、神化。

相传,释迦牟尼佛曾云游弗楼沙国,对弟子阿难预言:"我涅槃后四百年,将有一位迦腻色迦王在此起塔。"后来迦腻色迦王初登王位,一日在打猎时,见到一只白兔,于是紧追不舍,追到一株菩提树边时,白兔消失不见,眼前一位小牧童在堆筑佛塔,将有三尺来高。这位牧童,其实乃是帝释天为感化迦腻色迦王变化而成的。迦腻色迦王问小牧童:"你在做什么?"牧童回答:"做佛塔。"迦腻色迦王听闻,大为感慨,于是在牧童所起塔之上,建造了一座高达四十余丈的佛塔。这座佛塔用众宝装饰,壮丽威严,远非之前的释迦四塔可以比拟,"阎浮提塔,唯此为上"。

除了迦腻色迦王佛塔之外,法显一行还在弗楼沙国参观了一座与佛钵相关的寺庙及塔。相传,释迦牟尼初成道时,四天王各献颇那山之石钵,佛受此四钵,放在掌上,以神力使合为一钵,故四际分明。佛祖涅槃后,佛钵成为佛祖留在世间的遗物,受到世人膜拜。此钵起初在毗舍离国,后来到弗楼沙,再后来辗转到波斯,最后不知所终。法显于公元403年来到弗楼沙的时候,此钵正在该国:

> 可容二斗许,杂色而黑多,四际分明,厚可二分,甚光泽。贫人以少华投中便满;有大富者,欲以多华而供养,正复百千万斛,终不能满。

等一百多年后,北魏时期的宋云于公元520年来到这里时,佛钵已经不在,当流转至波斯了。

关于佛钵,当地还有一个传说。当年月氏王也笃信佛法,于是兴大军,攻下此国,想取走佛钵。当他把佛钵放在大象身上,准备驮走时,大象四肢跪地,趴在地上,不能前行。于是,换成四轮车来载钵,用八头大象来拉,车还是不能前行。月氏王这才知道与佛钵的缘分未到,深感愧怍,便在此处造了一尊佛塔,并起了一座寺庙。法显一行来到这座佛钵寺时,看到这里居住着有七百余位僧人,他们每天中午进食之前,便将佛钵取出,与穿白衣的俗人对佛钵供养一番后,方才进食;到了傍晚烧香时,再行一番供养。

佛钵,与法显在此之前所见到的弥勒像、佛足印、释迦四塔、迦腻色迦王佛塔均不一样,乃是释迦牟尼生前日常所用之物,除了佛祖涅槃后留下的舍利之外,应该是最为重要的佛祖信物。因此宝云、僧景在佛钵寺供养了佛钵之后,心满意足,与从那竭国观佛影回来的慧达一起,踏上了返回东土的行程。同时,不幸的是,与法显一起从长安出发、一路相伴西行的慧应,在佛钵寺逝世了。

于是,法显只身一人,前往那竭国。他要在那里,瞻仰佛影。

（五）那竭国观佛顶骨、佛影

法显从弗楼沙国西行十六由延,来到了那竭国。也许是因为日益接近天竺腹地,从这时开始,法显在《佛国记》中表示距离,有时会采用天竺当地的距离单位"由延"。"由延",是梵文Yojana的音译,亦译为"由旬",一日行军的路程为一由延,具体长度却不甚明确,一般认为大约四十里、三十里,也有说是八十里、十六里。日本学者足立喜六经过研究认为,《佛国记》中的一由延,在印度北部及西部平均约4.6英里(折合7.4公里),在以摩竭提国为中心的中印度平均约6.5英里(折合10.5公里)。

那竭国,地理位置在今阿富汗东部贾拉拉巴德市附近一带,这里有诸多佛陀圣物。

以那竭国城为起点,东南行一由延,靠近那竭国界的地方,有一醯罗城,城内有佛顶骨舍利。据传,释迦牟尼涅槃后火化,得舍利八斛四斗,其中包括一块头顶骨、两块肩胛骨、四颗牙齿、一节中指指骨舍利和众多珠状真身舍利子。这些佛舍利当时被分成了八份,由八个国家各自起塔供养。佛祖涅槃约二百年后,中印度摩竭提国孔雀王朝的阿育王崛起,下令发掘之前八国所建立的舍利塔,将分散八处的佛舍利重新收集,分成八万四千份,在全世界建造八万四千座佛塔以供养。后来,这些包括佛顶骨在内的众多佛祖舍利经多次辗转迁徙,至法显时代,佛顶骨舍利正在那竭国的醯罗城。法显在《佛国记》中详细描绘了在醯罗城观摩佛顶骨的情形:

（醯罗城）中有佛顶骨精舍,尽以金薄、七宝校饰。国王敬重顶骨,虑人抄夺,乃取国中豪姓八人,人持一印,印封守护。清晨,八人俱到,各视其印,然后开户。开户已,以香汁洗手,出佛顶骨,置精舍外高座上,以七宝圆碪碪下,琉璃钟覆上,皆珠玑校饰。骨黄白色,方圆四寸,其上隆起。每日出后,精舍人则登高楼,击大鼓,吹螺,敲铜钹。王闻已,则诣精舍,以华香供养。供养已,次第顶戴而去。从东门入,西门出。王朝朝如是供养、礼拜,然后听国政。居士、长者亦先供养,乃修家事。日日如是,初无懈倦。供养都讫,乃还顶骨于精舍。中有七宝解脱塔,或开或闭,高五尺许,以盛之。

这座供养佛顶骨的精舍,全部用金箔、七宝装饰,相当华丽。佛顶骨乃无上至宝,国人极其珍爱,因担心被偷抢,国王采取了超强的封印安保措施:从全国挑选八位豪姓之人,各持一印,每日清晨,等八人全到,各自检查印封无误后,方才打开精舍大门。门开后,用香汁洗手,捧出佛顶骨,放置在精舍之外的高台之上。台上放置佛顶骨的,乃是一块圆形碪石,并用琉璃钟罩上,碪石、琉璃钟也都用珠宝装饰而成。等太阳一出来,精舍里的人便登上高楼,敲起大鼓,吹起螺号,击起铜钹,国王听闻后,匆匆来到精舍,从东门进去,以花、香等虔心供养佛顶骨后,从西门出来,再回去处理国家政务。国中的居士、长者也都要如国王这般供养佛顶骨,然后才回去处理家庭事务。国王及国人每天如此,从不懈怠。等全部都供养完后,精舍方才将佛顶骨重新收回,放置在精舍内一座高约五尺、能开能关的七宝解脱塔中。

醯罗城的这块佛顶骨,"骨黄白色,方圆四寸,其上隆起",为法显亲眼所见,加上早于法显些许时日来到这里的慧景、慧达、道整三人,这是中国最早一批亲眼观摩过佛顶骨的人。《佛国记》中这段关于佛顶骨的文字,也是中国最早关于佛顶骨舍利的实景记载。

那竭国城中,还有佛齿舍利也造塔供养,供养的形式与佛顶骨舍利一样。

那竭国城,据传还是善慧仙人以花献佛之地。据佛教神话,善慧仙人为释迦牟尼前生的一世。一天,听闻灯照王迎请定光佛(即燃灯佛,释迦牟尼之前的诸佛之一)进城说法,善慧想买花供养。不料国王下令,为了献佛,城内的花只许卖给国王。善慧为难之时,只见宫中一位青衣女子路过,怀抱一个花瓶,瓶内藏着七茎青莲花。青莲也许被善慧的至诚感动,从瓶口悄悄跃出。善慧大喜,追喊青衣:"能否将花卖与我?"青衣一惊:"花藏得好好的,他是怎么知道的?"低头看时,花果然露出了瓶口,回答道:"这是送往宫中给国王献佛的,不能卖给你。"善慧说:"愿以五百银钱,买五茎而已。"青衣听闻,心中很是欣奇,再看这位善慧仙人,虽身披简陋的鹿皮,却难掩端方的容颜,沉吟片刻后,说道:"花可送你,但有一个条件:我愿生生世世与你为妻!"善慧面露难色,回道:"我修行佛法,求无为道,恐难许你生死之缘。"青衣答道:"不从我愿,花不可得。"善慧沉吟良久说:"我从你愿,但也有一个条件:我好布施,若有一天我拿我的一切去布施,你不可阻拦。"青衣答应了,于是先取五茎花送给善慧,又取出两茎说:"我为女子,体弱不能前往。请以这二茎代献给佛,使我生生世世不失此愿。"当时定光佛在城中说法,众人抛花供养,都沾不到佛身,唯善慧所献的七茎青莲花,五茎化为佛的莲座,两茎停在佛的两肩上空。定光佛预言善慧未来成佛,并圆了青衣的愿望:这一世,善慧为净饭王太子悉达多,后出家成佛,青衣便是太子出家前的王妃耶输陀罗。

那竭国城东北一由延处,有一个谷口,这里有佛锡杖精舍。精舍中的这根佛锡杖,长约一丈六、七尺(折合约4米),乃是用牛头旃檀制成。旃檀为香树,以其产地之山状若牛头,故称牛头旃檀。牛头旃檀在佛教中极为珍贵,常用以制作佛像或法器,在经论中则被喻为无上菩提。法显看到,这根佛锡杖被放置在一个木筒之中,传说成百上千人一起,也抬不起来。

从佛锡杖谷口进入,继续往西行走四日,可以看到佛袈裟精舍。传说当地如果出现干旱,国人便一起取出佛袈裟,礼拜供养后,天便会下雨。

除了佛顶骨、佛齿、佛锡杖、佛袈裟这些佛祖圣物之外,那竭国还有佛影。佛影在那竭国城南半由延的一处山窟之中。法显在《佛国记》中描绘了他瞻仰到的佛影:

> 去十余步观之,如佛真形,金色相好,光明炳著,转近转微,仿佛如有。诸方国王遣工画师摹写,莫能及。

佛影窟中,金色的佛影,如同佛陀的真容,清晰可见,鲜明熠熠,感觉佛陀好像真的是在那里。与之前实物的佛顶骨、佛齿、佛锡杖、佛袈裟不同，佛影为虚无之象，只有洗心净慧，以精诚的信仰，方能感应而观看得到。这是法显第一次感受到佛陀的本体，佛陀不再是虚无的存在，而是切实来到了自己的身边。

在佛影窟旁边，法显还看到了相传是佛祖与诸弟子一起建造的佛塔，塔高七八丈(约合18米)。塔旁，有一座寺庙，居住着七百余位僧侣。这一带，大约有上千座佛塔。

（六）度小雪山

法显已经在西、北天竺，瞻仰到了诸多与佛陀相关的圣物、遗迹，对于一般的求法僧来讲，这些已经够了，毕竟之前从未有中国僧人来过这里，但是对于法显，似乎却远远不够，因为他西行所求的戒律，一直尚未获得；而且那些圣物均是佛祖涅槃后流转至此，遗迹也都只与释迦牟尼的"本生故事"相关，事实上佛陀生前就没有来过这里。因此，法显决定继续前行，去往佛陀曾经生活过的地方，继续他的求法之路。

在那竭国度过寒冷的冬天三个月后，法显与慧景、道整三人一起，准备往南翻越小雪山。小雪山，即位于今阿富汗贾拉拉巴德以南的塞费德科山脉，一年四季都有积雪。法显一行爬到小雪山的北阴面时，突然寒风骤起，令人打起寒颤。刚刚大病初愈的慧景，一头栽在雪地，口吐白沫，说道："我恐怕是不行了，你们不要管我，赶紧走，以免都死在这里！"法显抱着慧景，悲痛欲绝，哭喊道："本图不果，命也奈何！"法显信仰虔诚，性情刚毅，很少受外界干扰，即便父母去世，也不曾痛苦悲号，但这一次，却再也忍不住内心的感情了。按，法显一行，从长安出发时一共有五人，即法显、慧景、道整、慧应、慧嵬，在张掖镇遇到智严、慧简、僧绍、宝云、僧景、慧达六人，合在一起，总共十一人。在焉夷国，因当地人不甚友善，智严、慧简、慧嵬三人前往高昌国寻求资助，从此别过；在于阗国，观看行像后，僧绍一人随胡僧前往了罽宾；在弗楼沙国佛钵寺，慧应逝世，宝云、僧景则与观佛影回来的慧达，三人返回了东土。至此，法显一行十一人，只剩下法显、慧景、道整三人,他们从长安出发,一路偕行,将近六年,如今慧景又死,令法显如何不悲恸?

法显与道整继续奋然前行,终于翻越小雪山,来到了罗夷国。此国具体方位不明,当在小雪山山南,罗哈尼人所居之地。罗夷国中的僧人将近三千人,大乘、小乘信奉者都有。他们在这里夏坐,这是他们西行路上的第五次夏坐,时当公元404年阴历五月至八月。

夏坐讫,继续往南行进十日,来到了跋那国,位置在今巴基斯坦北部的本努。跋那国中的僧人,也有三千人,都信奉小乘佛教。

从跋那国东行三日,二人来到印度河。跨河之后,便是毗荼国,地理位置在今旁遮普地区(主要部分在巴基斯坦,为旁遮普省;小部分在印度,为旁遮普邦)。这里佛法兴盛,大乘、小乘兼有,当地人见到法显与道整,感到很钦佩,说道:"如何边地之人也知道出家修道,且不远万里来此寻求佛法?"他们按照礼仪接待了法显和道整,并提供了二人旅途所需的物品。

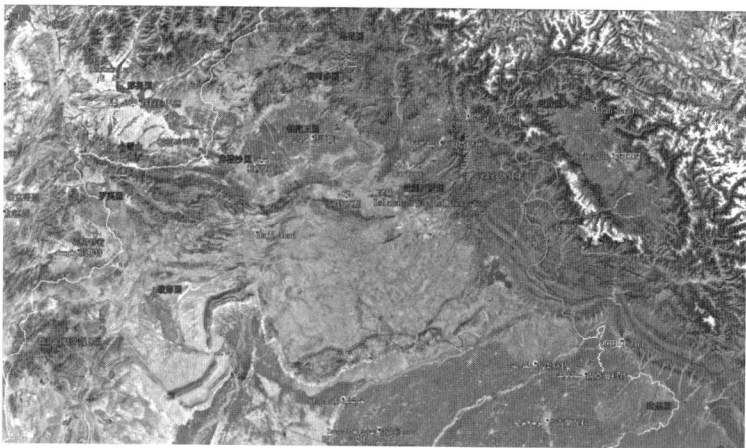

图4 法显《佛国记》中北天竺、西天竺诸国方位图

(七)"中国"观仪

从毗荼国继续往东南方向前行近八十由延,一路上寺庙众多,僧侣万数。他们已经进入了天竺腹地,来到了佛陀出生、得道、说法、涅槃的中天竺。

中天竺，又叫"中国"，这里气候温和，寒暑适中，没有霜雪。法显来到"中国"时，正值印度笈多王朝第三代君主超日王在位（380—413年），当时王朝正处于鼎盛时期，该时期也被认为是印度的黄金时代。法显在《佛国记》中描绘的"中国"社会状况，为超日王时期的印度留下了珍贵的历史记载：

> 中国寒暑调和，无霜、雪。人民殷乐，无户籍官法，唯耕王地者乃输地利，欲去便去，欲住便住。王治不用刑罔，有罪者但罚其钱，随事轻重，虽复谋为恶逆，不过截右手而已。王之侍卫、左右皆有供禄。举国人民悉不杀生，不饮酒，不食葱蒜，唯除旃荼罗。旃荼罗名为恶人，与人别居，若入城市则击木以自异，人则识而避之，不相唐突。国中不养猪、鸡，不卖生口，市无屠、酤及酤酒者，货易则用贝齿，唯旃荼罗、猎师卖肉耳。

我国古代的历代政权，都极其重视土地和户籍，有着严密的土地和户籍管理制度，因此当法显来到"中国"，看到这里"无户籍官法"，人民耕种土地，来去自由，感到非常新奇。而且，法显还观察到，这里的刑法也很轻，犯罪之人只是根据轻重，罚款而已，即便谋逆这样的大罪，也只是砍右手。如此轻的刑法，反映了当时超日王治下印度社会的安定。国人除首陀罗外，都不杀生、不饮酒、不吃葱蒜，国中不饲养猪鸡，也不贩卖牲口，集市中没有屠夫、卖酒之人，买卖则用贝壳作货币。这些也是东土所见不到的社会情形。首陀罗在当地被视为恶人，不能与其他种姓住在一起，如果入城，则需要敲击木棍自我隔离，以便他人听到声音后提前回避。这更是东土所前所未闻。

除了这些社会世俗之"仪"外，法显还在"中国"（中天竺）观察到了佛教圣众的"威仪法则"：

> 自佛般泥洹后，诸国王、长者、居士为众僧起精舍供养，供给田宅、园圃、民户、牛犊，铁券书录，后王王相传，无敢废者，至今不绝。众僧住止房舍、床褥、饮食、衣服，都无缺乏，处处皆尔。众僧常以作功德为业，及诵经、坐禅。

释迦牟尼涅槃后，当地各国对佛徒竞相奉养，国王、长者、居士为众僧建造精舍,提供田宅、园圃、民户、牛犊,并用法律文本记录下来,后面无论谁执政,都不敢废除。这样,僧侣生活所需的房舍、床褥、食物、衣服,都会有所保障,也便能将精力投入到做功德的修行本业以及诵经、坐禅之中。

法显还观察到,如果有新到的客僧前来,先住的旧僧便会去迎接,接过行李,提供洗脚水、涂脚油以及非时浆(即苏油、蜜、石蜜、果汁等);稍微安顿下来后,再询问客僧的法腊(即僧侣受具足戒后,夏坐安居的次数,每年夏安居结束,即增一法腊),依法腊之多少,再按照规定,分配房间和卧具。在僧侣居住的地方,法显还看到建有舍利弗塔、目连塔、阿难塔以及阿毗昙塔、律塔、经塔等诸多佛塔。

每年夏坐安居期最后一个月的佛事活动,更是丰富。那些祈求福报的家庭,会前来劝化供养僧众,奉献非时浆。僧众则于当月十四日夜,召集大会说法讲经。说法结束后,僧侣们会用各种各样的香、花,供养舍利弗塔,整夜灯火不熄,并让伎人扮演舍利弗,演绎从本来出身于婆罗门,后来到佛陀那里请求出家成为佛陀弟子的故事。其他大目连塔、大迦叶塔,也是如此。同时,比丘尼们多供养阿难,因为正是阿难请求佛祖后,女人才可出家;沙弥多供养罗云(即罗睺罗),因为罗云乃第一位沙弥。其他,专研阿毗昙论典者,供养阿毗昙(经藏);专研戒律者,供养戒律;修行大乘佛法(摩诃衍)者,供养般若经、文殊菩萨、观世音菩萨。这样的供养,每年举行一次,各自有具体的供养日期。

僧人每年夏坐安居结束,则增一法腊,又称受岁。法显还观察到,僧众受岁结束后,国中的长者、居士、婆罗门等还会奉持衣物及僧人所需的其他物品,前来布施僧人;僧人之间也会互相布施。

以上凡此种种,在法显眼中,都是那么的新鲜而庄严。他也情不自禁地沉浸在这浓厚的佛教"威仪法则"之中,而这,不正是他西行所求的东西吗?法显在《佛国记》中,以不无钦羡的笔墨写道:这里自佛陀涅槃以来,"圣众所行威仪法则,相承不绝"。我们也发现一个很有意思的现象:在《佛国记》中,不像之前的西域、北天竺、西天竺,也不像之后的海上航行,法显对佛陀曾经出生、成道、说法、涅槃的"中国"(中天竺),几乎没有行程艰难、路途恶劣的描绘。而事实上,这片地方很多都已荒无人烟,甚至野兽横行,但似乎在法显眼中,这里就是佛国乐土、人间天堂。

（八）僧伽施国龙精舍夏坐

法显在中天竺的第一站，为摩头罗国，其故址在今印度北方邦马图拉县。国内有遥捕那河（即今亚穆纳河，恒河最长的支流），沿河左右有二十座寺庙，大约三千僧人。

从摩头罗国往东南前行十八由延，法显来到了僧伽施国，其故址在今印度北方邦法鲁哈巴德县。相传，这里是佛祖从忉利天（三十三天）下降处。根据佛教神话，摩耶夫人产下佛陀七天后，离开人间，转生于忉利天。佛陀成道后，为报答母恩，特意前往忉利天为母说法三个月，随后在梵天王和天帝释二位护法王陪伴下，重新下降人间。当日，佛陀从忉利天下降时，空中出现三道宝阶，佛陀在中间的七宝台阶，梵天王在右边的白银台阶，持白拂而侍，天帝释在左边的紫金台阶，持七宝盖而侍。佛祖落地后，三道宝阶都陷没于地下，地面上只留下七级台阶。后来，阿育王到此参拜，想知道宝阶在地下到底有多深，于是遣人挖掘，一直挖到黄泉，仍未能找到根底。阿育王更加信仰佛法，随即令人在台阶之上修建精舍，并且在中间台阶的位置制作了一尊高一丈六（约3.9米）的佛陀立像；又令人在精舍后面树立石柱，石柱高达三十肘（约合13米），顶端雕刻狮子，四面雕刻佛像。这根石柱内外清澈透明，如同琉璃一样。

这则神话，不再是佛陀"前世"的本生故事，而与佛陀的"今生"相关。法显来到僧伽施时，参访了诸座纪念佛陀曾经活动的宝塔。他还观察到，这里物产丰饶，人丁兴旺，生活安乐；他国之人到此，都会妥当款待，提供所需之物。国内僧侣及僧尼，大约有上千人，在一起饮食，信奉大乘、小乘佛教者都有。

法显在僧伽施国的住处，叫龙精舍。精舍内，据说有一条白耳龙，能让僧伽施国粮食丰收，风调雨顺，不生灾害，僧侣们便能安心修行。众僧都很感激白耳龙的恩惠，专门为它修造龙舍，敷设坐处，供养福食，每日还会专派三名僧人，来到龙舍中食用午斋。每年夏安居结束时，白耳龙就化作一条小蛇，因其两耳边缘都是白色，所以众僧认得这是白耳龙所化，便用铜盂盛上奶酪,并将它放置其中,将此铜盂从上座僧一直传送到下座僧。小蛇在铜盂中似乎在向僧人问安一样,等到每人都问候完,便变化而去。这条白耳龙,每年出现一次。

法显这年在龙精舍夏坐。这是他西行后第六次夏坐,也是进入"中国"(中天竺)后的第一次夏坐,时当公元405年阴历五月至八月。

龙精舍夏安居结束,法显往东南前行七由延,来到罽饶夷城,故址在今印度北方邦卡瑙节县。罽饶夷城,靠近恒河,城内有两座寺庙,僧众都信奉小乘佛教。城西六七里,在恒水北岸,有佛陀为弟子说法处。传说,佛陀在此宣讲过诸行无常、一切皆苦、身如泡沫的佛理。法显来时,看到了遗址之上的纪念佛塔。

渡过恒水,再向南行走三由延,有一座村庄,名为呵梨。传说佛陀曾在此村说法、经行、安坐,遗址之上也都修建了佛塔。

(九) 拘萨罗国舍卫城访祇园精舍

由呵梨再往东南行走十由延,法显来到了沙祇大国,故址在今印度北方邦法扎巴德县的阿约提亚城。这里曾是拘萨罗国的旧都。相传,佛陀曾在这里将咀嚼过的齿木(杨枝)插入土地,齿木重新发芽抽枝,长成大树。这里也是释迦牟尼之前的过去四佛(毗舍浮佛、拘楼秦佛、拘那含牟尼佛、迦叶佛)曾经经行、安坐的地方,遗迹之上,都建造了佛塔。

从沙祇大国北行八由延,便是拘萨罗国舍卫城。拘萨罗国为佛陀时代的著名古国,旧都娑枳多(即"沙祇大"的异译,故址在今印度北方邦阿约提亚城),后都舍卫(位于今印度北方邦伯尔拉姆布尔县西北)。舍卫城是佛陀生前六大说法地之一,法显来时,便看到城中有大爱道精舍,须达长者井壁,以及鸯掘魔得道、涅槃、火化的纪念塔等诸多遗址。这里更因佛陀长期居住、弘法的祇园精舍而闻名于世。佛陀在舍卫城祇园精舍弘法的时间最长,现存佛经中的很多典故,都与这里有关。

祇园精舍,为"祇陀园林须达精舍"之简称,是佛教史上继竹林精舍之后的第二座精舍,佛陀五大精舍(竹林精舍、祇园精舍、重阁精舍、菴婆罗园、耆阇崛山石窟)之一。"祇陀",是佛陀在世时,拘萨罗国波斯匿王的太子;"须达",便是舍卫城著名的给孤独长者,他是波斯匿王的大臣,因常布施贫贱孤独之人,故被称为"给孤独",即善施长者之义。当年,须达长者想请佛陀及弟子到舍卫城说法,看中了一片园林,景色宜人,正好可以建造精舍以供佛陀居住。但园地归祇陀太子所有,须达于是想购买下来。太子不愿意,提出苛刻条件,要他以布满园地的黄金来买。须达不以为难,倾心照办。祇陀感其诚心,于是献出了园林,须达在园地上兴建了精舍。因是祇陀的园林、须达的精舍,故称"祇陀园林须达精舍"。佛陀接受了须达长者的请求,在祇园精舍一住二十四年,祇园精舍也成为佛陀一生弘法居留最久的场所。

据佛教神话,佛陀上忉利天为母说法三月,便是从祇园精舍离开的。在此期间,波斯匿王因许久没见佛陀,很是想念,便用牛头旃檀制作了一尊佛像,放在佛陀常坐的地方。后来,佛陀返回精舍时,佛像主动离开原地,出来迎接。佛陀说:"回去坐好。我涅槃后,你便是四部众(即比丘、比丘尼、优婆塞、优婆夷)造像的标准。"于是,牛头旃檀像回去,坐在了原处。这便是佛教中最早的佛像,也是后世佛像的标准。因佛像坐了佛陀的位置,佛陀于是移住在了南边的小精舍中,与佛像异地而处,两者相距二十步。祇园精舍原本有七层,诸国的国王、民众都竞相前来供养,在精舍内悬挂幡幢、华盖,散花,烧香,燃灯,日日不停息。不料,一只老鼠衔走灯芯,点燃了幡盖,引发大火,烧毁了精舍。七层精舍被毁为平地,人们都很伤心,以为佛像也在大火中被焚毁。几天后,当人们打开东边小精舍时,惊奇地发现佛像完好无损,非常欢喜,于是重修精舍,建为两层,将佛像放回原处。

法显一行来到舍卫城,专门参访了祇园精舍。精舍在舍卫城南门一千二百步(约合1.8公里)处。精舍周围,池水清澈,溪流静湍,林木葱茂,山花绚烂,一派蔚然的景色。精舍大门东向,门口两边有两根石柱,左边柱子上有轮形,右边柱子上有牛形。精舍的整个大院落有二门,一门向东开,一门向北开。精舍在园地的中央,佛陀在这里居住的时间最长,故事也最多。后人在佛陀说法处、度人处、经行处、坐处都建起了佛塔,每座塔都有名字。

法显与道整在祇园精舍,亲眼观摩佛陀留下的遗迹,亲身感受佛陀生活的场景,各自神伤不已,喟叹自己出生在与佛祖相隔遥远的"边地",与诸位同道僧人历尽艰辛,游历诸国前来求法,有的人中途而归,有的人不幸而殁,而今终于来到这片佛陀曾经居住过二十多年的故地,亲见佛像宛然,不禁悲从中来,怆然泪下。精舍中的僧人听到声音,出来问道:"你们从哪个国家来的?"法显二人回答:"从汉地而来。"僧人们不禁惊叹:"真是奇迹啊!如此偏远地方的人,竟能来到我们这里求法。"又自相言语:"我辈僧人从师父的师父传到如今,从没见过有汉地僧人能来这里呀。"

祇园精舍周围,有其他九十八处寺庙,除了一处是空的外,其余都有僧人居住。精舍西北四里处,还有一片得眼林。"得眼",是因为相传这里曾有五百盲人,依傍精舍而住,后听闻佛陀说法而重见光明。他们欢喜万分,将手杖戳在地上,叩头致礼。手杖遂生根长大,因世人敬重,没有人敢砍伐,成了一片树林。祇园精舍的僧人,午饭后大多来这里坐禅。祇园精舍的东北六七里处,还有毗舍佉母精舍。毗舍佉母,又名鹿子母,相传具有大善根,曾向佛陀发八大愿,受到佛陀赞叹。她为了邀请佛陀及弟子说法,兴建了这座精舍,历时九个月而成,庄严富丽,仅次于祇园精舍。

祇园精舍东门出来,向北走七十步,大路西侧,是佛陀当年与九十六种外道辩论的地方,这里也建起了一座精舍,高六丈多,里面有一尊坐佛像。传说,辩论当日,国王、大臣、居士、人民云集,一位名叫旃柘摩那的外道女,将衣服揣进腹前,扮成孕妇,在人群中诽谤佛陀曾对她非礼。天帝释化作一只白鼠,咬断她的腰带,衣服掉在了在地上,于是事情败露,大地随即裂开,外道女生生堕入地狱。这里,还是调达欲谋害佛陀而入地狱的地方。调达(又译提婆达多)为佛陀的堂兄弟,传说他随佛陀出家后,潜心修行,但因未得圣果而渐生恶念,后率领徒众脱离佛陀,自称大师。调达曾在十指涂毒,想借礼佛足时毒害佛陀,结果反而自破手指,堕入地狱。在旃柘摩那、调达坠入地狱的地方,法显来到时,看到后人都一一作了标识。

大路东侧,法显还看到,有一座名为"影覆"的外道寺庙。这座寺庙,也高六丈,与佛陀辩论处的精舍,一东一西,隔路相峙。之所以叫作影覆寺,是因为当太阳在西边时,佛陀精舍的影子就覆盖在了这座外道寺上;可是,当太阳在东边时,外道寺的影子却映在了北面,覆盖不了佛陀精舍。相传,影覆寺里的外道徒众,每天守护寺庙,扫洒、烧香、燃灯,很是用心。可是,他们发现,晚上燃起的灯,清晨时却到了佛陀精舍。这些婆罗门外道很是愤怒,认为是佛陀精舍的人偷了他们的灯,于是在夜晚亲自看守,却看见自己供奉的天神手里捧灯,绕着佛陀精舍礼拜三圈,供养完佛陀之后,突然不见。婆罗门这才知道佛陀神通之大,于是舍家弃业,皈依了佛教。

法显在舍卫城还观察到,佛陀曾经与之辩论的九十六种外道,仍有信徒在活动。他们都讲今生与来世,也都乞讨而食,只是不拿钵盂。他们也追求福报,在路边空地建立福德舍,为行路人、出家人以及来往旅客提供房屋、床具和饮食,只是与佛教徒的信仰有所不同,比如调达的徒众,就只供养拘楼秦佛、拘那含牟尼佛、迦叶佛等过去三佛,而不供养释迦牟尼佛。

在舍卫城附近的都维邑和那毗伽邑,便有过去三佛的遗迹。都维邑在舍卫城西五十里,为迦叶佛出生之地,在他成佛后父子相见的地方、涅槃的地方,以及安置他全身舍利的地方,都建有塔。那毗伽邑在舍卫城东南十二由延,是拘楼秦佛的出生地,其父子相见处、涅槃处,也都建有寺庙及塔;再往北不到一由延,则是拘那含牟尼佛的出生地,其父子相见处、涅槃处,也都有塔。

（十） 迦维罗卫城访佛生处

拘萨罗国的东面,便是佛陀的故乡——迦维罗卫国。在佛陀时代,迦维罗卫国是拘萨罗国的附属国。拘萨罗国在波斯匿王之后的国王为琉璃王,他早年在迦维罗卫城受过侮辱,即位后,便要兴兵屠杀迦维罗卫国的释迦族。佛陀身为释迦族人,曾站立在大军行进的道路中间,劝说过琉璃王。法显在舍卫城东南四里,拘萨罗国前往迦维罗卫国的路上,还见到过后人于佛陀站立之处建造的佛塔。遗憾的是,后来琉璃王还是攻陷了迦维罗卫国,将国内的释迦族人屠杀殆尽。

迦维罗卫城的故址,在今尼泊尔南部的提罗拉科特。法显到来时,佛陀的故乡已经衰败不堪,城内没有国王,也没有百姓,如同荒丘,满目凄凉,只有少数僧人和几十户民户居住。国内空荒无比,人烟稀少,道路上白象、狮子出没,行人不敢擅自乱走。

尽管如此,法显还是在迦维罗卫城内,瞻仰到了不少佛陀遗迹。比如佛陀的父亲净饭王王宫的旧址上,有释迦太子母亲像,表现的是释迦太子骑着白象进入母胎时的情景。太子出迦维罗卫城东门时,见到病人,调转车头返回王宫的地方也在这里。王宫旧址、回车返宫处,后人都建造了塔。城内还有阿夷(即阿私陀)为释迦太子看相的地方;释迦太子与弟弟难陀玩耍、射箭的地方(相传,箭飞到东南三十里外入地,入地处涌出泉水,后人在这里修了一口井,供行人饮用);佛陀得道之后父子相见的地方;五百释子出家,向优波离致礼,大地六种震动的地方;佛陀为诸天说法,四天王护门,不让父王进入的地方;佛陀在尼拘律树(即榕树)下向东而坐,大爱道向佛陀布施袈裟的地方;琉璃王杀释迦族人,释迦族人事先都证得了须陀洹果位(沙门四果中的初果)的地方,等等诸多圣迹。此外,城东北几里,有王田,则是释迦太子坐在树下,观看耕者劳作的地方。

在迦维罗卫城东五十里的地方,有一座论民园,便是当年摩耶夫人降生佛陀的地方。论民园,在今天被称蓝毗尼园,为佛教四大圣地之一。相传,当年摩耶夫人身怀佛陀时,按照习俗,要回娘家生产,途中经过蓝毗尼园,在园中水池洗浴后,走出水池北岸二十步时,感觉腹痛,于是抬手握住树枝,向东生下了佛陀。佛陀坠地,行走七步,二位龙王为他洗浴身体,洗浴的地方变成了一口井。这口井和摩耶夫人洗浴的浴池,当地僧人后来经常取水饮用。

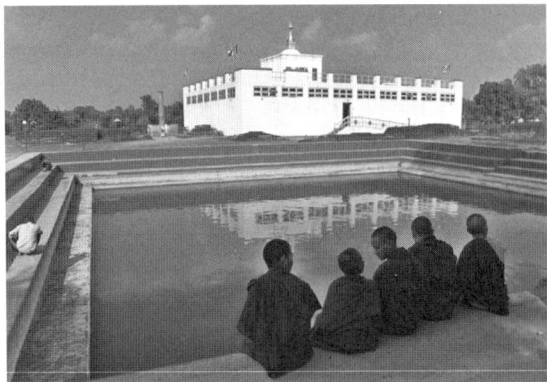

图5　尼泊尔蓝毗尼佛陀出生地

（十一）拘夷那竭城访佛涅槃处

从论民园往东行走五由延，法显来到了蓝莫国。蓝莫国故址，在今尼泊尔帕萨县伯拉西镇。相传，释迦牟尼荼毗（即火化）后，得舍利八斛四斗，当时被分成了八份，由八个国家各自起塔供养。其中一份，便是由蓝莫国所得，所建的舍利塔，名叫蓝莫塔。传说，塔边有一个水池，水池中住着一条龙，守护着塔，并且昼夜供养舍利。阿育王兴起后，想破坏之前八国舍利塔，重新收集舍利，再行分配。当阿育王破坏前七座塔，即将发掘蓝莫塔时，护塔龙现身，将阿育王带进了龙宫。护塔龙让阿育王参观了龙宫中供养舍利的供具之后，对阿育王说："如果你的供具比龙宫的更好，你便可以毁塔，取走舍利，我不跟你争夺。"阿育王心知龙宫的供具绝非世间所有，于是放弃而归。

法显来到蓝莫国时，看到这里与迦维罗卫国一样，亦是一片荒芜，蓝莫塔也无人打扫。据说，常有大象用鼻子吸水洒扫地面，并卷来各色杂花供养。有一位别国僧人来到这里，想礼拜蓝莫塔，突然遇见大象，非常害怕，便靠在大树后藏匿起来，见大象依佛法供养舍利塔后，很是伤感，心想："这里没有寺院供养舍利塔，以至于要大象来打扫吗？"于是这位僧人舍弃了具足戒，重新做起了沙弥。他拔去杂草，平整出了一块地方，弄得整洁后，劝化国王修建了一座佛寺，由自己来当寺主。从那时起，这座佛寺便一直由沙弥担任寺主。法显来到时，还见过寺里有僧人居住。

蓝莫国往东走三由延，是释迦太子遣车匿、白马回宫的地方。相传，一天夜里，释迦太子唤醒侍从车匿，骑着白马轻轻出城。来到阿奴摩河边时，释迦太子解下宝衣、璎珞，与白马一起交付给车匿，让他回宫带给父王。然后，释迦太子用剑削去头发，出家苦行。法显当年路过这里时，还看到了当地所建的佛塔。从这里向东行四由延，便是炭塔。相传，八王分舍利后，佛陀荼毗（火化）后所烧剩的灰炭，亦由人造了一座"炭塔"供养。法显路过时，也看到了这座炭塔以及寺庙。

从这里继续往东走十二由延，法显来到了拘夷那竭城，故址在今印度北方邦戈勒克布尔县的卡西亚村。这里便是佛陀涅槃的地方,佛教四大圣地之一。相传,佛陀八十岁时,在毗舍离城预言将在三个月后涅槃,偕弟子往西北行走(从方向上看,似乎是想回故乡迦维罗卫国),途中食用野生栴檀树菌茸,引发身体不适,走到拘夷那竭城西北的跋提河岸边,命弟子阿难在两棵娑罗树中间结下绳床。众弟子守候身边,聆听佛陀最后的教诲。须跋听闻佛陀将要涅槃,急忙从外地赶来,佛陀为其说法,授具足戒,成为佛陀的最后弟子。须跋不忍见佛涅槃,入火自焚,先于佛陀涅槃。最后,佛陀便在此拘夷那竭城附近的娑罗双树下涅槃。涅槃时头朝北枕于右手下,侧身偃卧,左足置右足上。手持金刚杵护持佛陀的金刚力士(佛教护法神)见佛陀涅槃,都丢下金刚杵,悲痛欲绝。当地的末罗族人与佛陀弟子一起,用香汤净洗佛陀身体,将其放入金棺,供养七天,最后以香木荼毗(火化)。荼毗后生成的佛陀舍利,经过协调分为三大份:一份给诸天,一份给龙众,一份给人间。人间的部分再分为八份,分别由拘尸国(即拘夷那竭国)、波婆国、遮罗国、罗摩伽国(即蓝莫国)、毗留提国、迦维罗卫国、毗舍离国、摩竭提国等八国所得,各自建塔供养。

法显来到拘夷那竭国时,这里也是一片荒芜,人烟稀少,只见到了少数僧人和民户。在须跋成为佛陀最后弟子的地方,末罗族人用金棺供奉佛陀尸体的地方,金刚力士丢下金刚杵的地方,八王分佛陀舍利的地方,都建有佛塔和寺庙。

从拘夷那竭城往东南行走十二由延,法显来到了梨车族人因留恋而追赶佛陀的地方。梨车族为佛陀时代毗舍离国的部族,族人都信仰佛教,与佛陀关系密切。相传,佛陀在毗舍离城预言自己要涅槃而欲离开,梨车族人留恋万分,誓要追随佛陀到涅槃处,于是紧追不舍,不肯回去。佛陀不许他们跟随,化出一道巨大的深壑,阻止了他们前行,并留下自己的钵盂以作为纪念。法显来到时,看到后人在这里树立了石柱,柱上还有题铭记载此事。

（十二）毗舍离国访菴婆罗园、重阁精舍

法显与道整从梨车族人追赶佛陀的地方，继续东行五由延，来到了毗舍离国。毗舍离国，故址在今印度比哈尔邦穆扎法尔布尔县比沙尔。此国位于恒河中流的交通中心，西通迦维罗卫国，东达摩竭提国；国都毗舍离城，故址在今印度比哈尔邦北部的伯萨尔，是佛陀时代的著名城市，佛陀生前六大说法地之一，佛陀五大精舍中的两处便在此城（另有两处在摩竭提国王舍城，一处在拘萨罗国舍卫城）。

毗舍离两大精舍，一处叫菴婆罗园，是一位名为菴婆罗女所献，位于毗舍离城南三里。相传，菴婆罗女本为妓女，后经商致富，成为毗舍离城中的富婆，在佛陀来到毗舍离城讲法时被佛陀的庄严和慈悲所吸引，受到佛陀的开示后，起了皈依之心，邀请佛陀及弟子第二天到家中用斋，得到了佛陀的应允。毗舍离城的梨车贵族听闻佛陀居然被一位妓女请去供养，非常不快，要用十万金向菴婆罗女购买这个礼佛的机会。菴婆罗女正色拒绝，回答即便是毗舍离举国的财富也不能改变这一决定。第二天，菴婆罗女为佛陀及其弟子精心准备了斋食，并将位于毗舍离城南的一处庄园献给了佛陀。佛陀便是在此园宣讲了后来对汉传佛教影响巨大的《维摩诘经》。

另一处叫大林重阁精舍，又名重阁讲堂，位于毗舍离城北面的一片大林之中。相传，佛陀当年在此精舍中，在阿难的劝说下，正式允许姨母兼养母摩诃波阇波提（即大爱道夫人）、曾经的妃子耶输陀罗、胞弟难陀的妻子孙陀利等五百女子出家为比丘尼，开启了佛教僧团的比丘尼制度。又据佛教神话，佛陀涅槃前的三个月的某一天，曾与阿难来到重阁讲堂，向阿难三次暗示，如果愿意，自己可以再住世一劫（佛教时间单位，有大、中、小之分），但阿难受到魔王迷惑，心识晦暗，没有应声，因而失去了及时请留的机会。佛陀知因缘如此，便不再言语。不久，魔王现身，要佛陀当即入灭，佛陀请许三个月为期。于是，佛陀召集毗舍离附近的弟子，在宣讲人天利益的安乐教法，及开示出家修道法门后，郑重宣布："我在三个月

后,当入涅槃。"

宣布三个月涅槃后,佛陀便带领弟子离开了毗舍离城,往西北前往涅槃之处。出毗舍离城西门时,佛陀右转身子,回头看了一眼毗舍离城,对诸弟子说:"这是我最后的游化之地!"后人便在此处建了一座塔。

在毗舍离城东面三四里处,法显还看到另一座佛塔,这是后人为纪念佛教第二次结集而建的。相传,佛陀涅槃百年后,拘萨罗国的耶舍长老来到毗舍离城,在重阁精舍看见每半月(上半月的十五日,下半月的二十九日或三十日)一次的布萨(说戒)活动,当地僧人用铜钵盛水,放在佛堂前,要前来礼拜的信众投钱,认为此举有违戒律。由此引发了一场关于佛教戒律的大论辩,一共讨论了诸如将剩余的盐贮存在角器(角盐净)、日过正午二指还可再次进食(二指净)、此处进食后又在他处进食(他聚落净)、同一地区僧人在不同地方布萨(住处净)、部分人先做决定再征求他人同意(赞同净)、按惯例行事(所习净)、饮用未搅拌去脂的牛乳(不搅乱净)、饮用未发酵或半发酵的椰子酒(饮阇楼疑净)、随意使用不同的坐具(无缘坐具净)、接受金银的布施(金银净)等十项问题。由于当时参加论辩的有七百位长老,故又称"七百结集"。毗舍离当地比丘认为这"十事",都是佛陀当年"证言"过的合法行为(即"净"),但七百结集依照戒律,断"十事"非法,于是引起了佛教上座部与大众部的分裂,开启了佛教的部派时代。大众部佛教,便是后来大乘佛教的先驱。

由此往东行走四由延,法显来到毗舍离城与摩竭提国巴连弗邑之间的恒河渡口——五河合口,这里是阿难的涅槃处。佛陀涅槃后,大迦叶成为僧团领袖,二十年后,传法给阿难。相传,阿难一百二十岁时,一天,在摩竭提国游化,见一沙弥诵经谬误,却又傲慢不知,不由心悲,知道涅槃期至,于是决定前往毗舍离国。摩竭提国的阿阇世王得到消息后,亲自准备车马,率领士兵追赶到恒河边。毗舍离国的梨车人听说阿难要来,也都赶来迎接。于是双方都到了河边,战争一触即发。阿难心中思量,如果继续向前,阿阇世王会怨恨,但是掉头回去,梨车人会怨恨。进退两难之际,阿难于是在恒河中央入火光三昧,自焚涅槃,身体分作两份,两岸各得一份半身舍利,带回建塔供奉。

（十三）初访摩竭提国巴连弗邑

　　法显与道整从阿难涅槃处渡过恒河,往南行走一由延,来到了摩竭提国。这里是佛陀的得道之地,也是佛陀重要的游化之地,圣迹非常之多。

　　摩竭提国位于恒河中游,为佛陀时代印度十六国之一,后来逐渐强大,征服周边各国,曾两度统一北印度。摩竭提第一位有名的国王,为佛陀时代的瓶沙王(又称频婆娑罗王,约前544—前493年在位)。他通过联姻与拘萨罗、毗舍离等国建立友好关系,同时又用武力征服了瞻波大国(又称鸯伽国)。瓶沙王与佛陀关系很好,是第一位皈依佛教的国王,晚年不幸被其子阿阇世王和背叛佛陀的调达合谋囚禁并杀害。继位的阿阇世王(约前493—前462年在位),早年在调达的唆使下谋害过佛陀,后来醒悟,也皈依了佛教,还资助过在王舍城举行的佛教第一次结集。阿阇世王在位时,先打败拘萨罗国,继而通过长达十余年的战争,征服毗舍离国。阿阇世王乃弑父者,他之后的几位继位者均弑父篡位,因统治残暴,被贵族和市民所推翻。大臣希苏那伽被拥立为王,建立了幼龙王朝(约前414—前346年)。在希苏那伽王统治时期,摩竭提征服了阿般提国,国势益强;其子迦腊索伽王扶持佛教,赞助了在毗舍离城举办的佛教第二次结集。之后,出身低微的摩诃帕德摩·难陀推翻幼龙王朝,建立了难陀王朝(约前346—前324年)。难陀王朝统治时间不长,但扩张迅速,基本统一了北印度。公元前324年,旃陀罗笈多推翻难陀王朝,建立了著名的孔雀王朝(前324—前187年)。孔雀王朝时期,摩竭提进入帝国时代,王朝第三任君主阿育王(前273年—前232年在位),征伐四方,使帝国疆域北起喜马拉雅山南麓,南至迈索尔,东抵阿萨姆西界,西达兴都库什山,臻于鼎盛。阿育王也因杀戮过重,晚年诚心忏悔,皈依佛教,成为佛教最为著名的护法王,赞助了在帝国首都巴连弗邑举办的佛教第三次结集。这次结集的经典,是佛教向印度全境和境外传播的基础,摩竭提也成为早期佛教的传播中心。

　　摩竭提帝国在阿育王之后,国势迅速衰落,历史开始变得模糊。我们只知道,公元前187年巽伽王朝取代孔雀王朝,公元前75年甘婆王朝取代巽伽王朝,公元前30年甘婆王朝覆灭。之后,直至公元320年,旃陀罗笈多一世建立了笈多王朝,而这已经是阿育王之后三百五十年后的事情了,这期间的摩竭提历史,具体细节不甚明了。笈多王朝在第三任君主旃陀罗笈多二世(超日王)统治时期(380—413年),国势达到鼎盛,基本上又统一了北印度,成为一个大帝国。法显一行来到印度时,正是超日王在位时。

法显与道整一踏上摩竭提的国土,便发现这里跟已经凋零的迦维罗卫、蓝莫、拘夷那竭等国(城)大不一样,经济繁荣,人民殷富,"凡诸中国,唯此国城邑为大"。中天竺("中国")的诸国中,只有摩竭提国的城市最为繁荣,法显与道整一起游访了该国的巴连弗邑、王舍新城、萍沙王旧城、伽耶城等几座跟佛陀或佛教密切相关的城市。

他们从恒河北岸渡河,踏入摩竭提国的第一站,便是位于恒河南岸的摩竭提国都城——巴连弗邑。巴连弗邑,又名华氏城,故址位于今印度比哈尔邦的巴特那,不仅是当年摩竭提的都城,也是当今印度最著名的历史文化名城。巴连弗邑本是阿阇世王在位时,在恒河南岸建的一座堡垒,因地处水陆交通要地,后来逐渐发展成一座经济繁荣的城市。幼龙王朝的迦腊索伽王在位时,就把都城由王舍城迁至巴连弗邑。至孔雀帝国阿育王在位(约前273—前232年)时,巴连弗邑作为帝国的首都,达到繁荣昌盛的顶点。

法显来到巴连弗邑,看见城中"累石起墙阙,雕文刻镂,非世所造",这些精美壮观的城墙与建筑,传说是阿育王当年役使鬼兵所造,可惜两百年后玄奘再来时,已经荒芜得只剩基址。在巴连弗邑城内,法显还看到阿育王为弟弟建造的大石山。相传,阿育王的弟弟善容王子证得阿罗汉果后,不眷恋世间,在耆阇崛山潜心修行。阿育王想请他回家中供养,于是差使鬼神,在城内建造了一座高达数十丈的大石山,以隔绝外人前来打扰,并在山龛石室里造一尊高一丈六的石像供养。这可能是世上第一座人造的丛林假山。

在巴连弗邑城南三里多(约1.3公里)的地方,有一座阿育王塔,据传,这是当年阿育王破七塔、立八万四千塔中的第一座塔。这座阿育王塔前面有佛陀的足迹,上面建了一座精舍,精舍门向北,朝阿育王塔而开。阿育王塔的南面，还有一根阿育王石柱，石柱周长一丈四五尺(约合3.5米)，高三丈多(约合7.5米)，柱上刻着铭文："阿育王以阎浮提布施四方僧，还以钱赎，如是三反。"意思是说，阿育王将阎浮提布施给四方僧人们，然后再用钱赎回来，如此反复施舍、赎回三次。

阿育王塔北面三四百步(约500米)，是阿育王曾经造人间地狱(即泥梨城)的地方，中央有一根高约三丈多的石柱，上面雕有狮子，柱身刻有铭文，记述了建造地狱的因缘及具体年月日。相传，阿育王前世还是幼童时，一天在路上玩耍，碰上佛陀乞食经过，便欢天喜地掬起一捧土施舍给佛陀。佛陀将土带回，泥在了自己经行的地方。阿育王因此得到果报，作了铁轮王，统治阎浮提(又叫南赡部洲。佛教神话有金、银、铜、铁四大转轮王，金轮王统治东毗提诃、南赡部、西瞿陀尼、北拘卢四洲，银轮王统治东毗提诃、南赡部、西瞿陀尼三洲，铜轮王统治东毗提诃、南赡部两洲，铁轮王只统治南赡部洲)。一天，他乘铁轮巡视阎浮提时，见到一处两山之间用铁围了起来，便问群臣："这里是做什么的?"臣下回答："这是鬼王阎罗惩治罪人的地方。"阿育王心想："鬼王尚且能够建造地狱惩治罪人，我身为人主，为什么不能建一座地狱处罚罪人呢?"于是，他询问群臣："谁能替我做地狱王，来惩治罪人?"臣下回答："只有极凶恶之人才能做。"于是，阿育王派臣子到处寻找这恶人。他们在池边找到一人，身高体壮，皮肤粗黑，头发焦黄，眼睛青蓝，猎杀禽兽毫不手软，便将他带回给了阿育王。阿育王对他秘令："你去建一座高墙围成的四方院子，里面种上各色鲜花、果树，再造一个华丽的浴池，将院子装饰得庄严宏丽，令人渴羡。院门要造坚固，一旦有人进入，就抓起来，用各种办法治罪，让他再也出不来。即便我进去了，也照样治罪，不要放出。现在我就封你为地狱王。"有一位比丘，因挨门挨户乞食，不小心进入地狱之门。狱卒见了，便要治罪。比丘惶恐不安，请求稍微宽限一下，让他吃完午斋。一会儿，又有人进到地狱，狱卒将这人放入碓臼里，用力捣砸，红红的血沫流了出来。比丘见了，心想，此身的无常、苦、空，不就正如这泡沫一样虚幻空无吗? 这样，便证得了阿罗汉果。接着，狱卒将比丘抓起来，放进了盛满开水的大锅里。比丘心中欢慰，露出笑容，这时火灭水冷，锅里生出莲花，比丘端坐于上。狱卒见了，赶紧去告诉阿育王："地狱发生了怪事，请大王亲自去察看。"阿育王说："我已经有要事在先,现在不能去。"狱卒说："这绝非小事,请大王快去。"于是,阿育王推掉先约,来到地狱,在听闻比丘讲说佛法后,心悦诚服,当即毁坏地狱,悔悟以前所作的各种罪恶,由此敬重三宝,受八斋戒。

这是一则非常有意思的佛教神话,神异之处,当然不可信,但故事背后隐含了阿育王利用佛教教义,取代了原来酷法治国的历史事实。阿育王前半生征战四方,崇尚苛法,但当帝国建立之后,便需要一种能让民众都能接受的思想文化来稳固统治。他晚年看中了佛教,从杀戮四方的"黑阿育王"变成弘扬佛法的"白阿育王",成了佛教著名的护法王。

除了参观这些遗迹之外,法显与道整还在巴连弗邑城内,拜访了当地最富盛名的大乘学者——罗沃私婆迷。罗沃私婆迷出身高贵的婆罗门,悟性超绝,智慧出众,以清静自居。国王对他非常尊敬,以师礼对待,前来问讯时,都不敢和他并排而坐;甚至在国王出于爱敬之心跟他握手后,他还要将手冲洗干净。这位大师当时大约五十岁,受到举国瞻仰,使外道不敢欺凌僧众。罗沃私婆迷还在阿育王塔的旁边,建造了一座非常庄严壮丽的大乘寺庙,寺内僧人威仪严整,举止祥静,供人观仰。四方沙门高德及学问人,想要寻求义理,都会来到这座寺庙,后来法显也正是在这里寻找到了梦寐以求的经律。这座寺庙里,还住着罗沃私婆迷的老师,也叫文殊师利,受到国内的大德沙门以及大乘教比丘的敬仰。

巴连弗邑也正是有了罗沃私婆迷等人的威望和教化,佛法相当兴盛,当地人"竞行仁义"。法显看到,当地的长者、居士多在城内设立福德医药房舍,国中所有的贫穷者、孤独者、残疾者以及一切病人,都可以前来,由福德医药舍提供医药和食物。这里的医师看病,都能根据病情,提供令病人满意的饮食和汤药。病人一旦康复,便可自行离去。

法显还在《佛国记》中描述了巴连弗邑每年一次的行像仪式:

> 年年常以建卯月八日行像。作四轮车,缚竹作五层,有承栌、揠戟,高二疋余许,其状如塔。以白氎缠上,然后彩画,作诸天形像。以金、银、琉璃庄校其上,悬缯幡盖。四边作龛,皆有坐佛,菩萨立侍。可有二十车,车车庄严各异。当此日,境内道俗皆集,作倡伎乐,华香供养。婆罗门子来请佛,佛次第入城,入城内再宿。通夜然灯,伎乐

供养。国国皆尔。

跟于阗国在四月初一行像不同,巴连弗邑的行像,在每年的二月初八。行像时,要制作一种四轮车,车上用竹子扎成五层、高达八丈多的塔状建筑,上有承栌、揳栻等构件,外面再蒙上一层白棉布,然后在白布上画上诸天神形象的彩画。四轮车用金、银、琉璃装饰,上面悬挂丝绸的旌旗、华盖,四面作佛龛,佛龛里供奉佛陀坐像,坐像两旁有菩萨侍立。这种行像的四轮车,大约共有二十辆,每辆都庄严宏丽,各有特色。行像当日,国内的僧侣和俗人都云集巴连弗邑,乐伎们唱歌跳舞,周围都是供养的鲜花和香。先由婆罗门之子罗沃私婆迷前来请佛,随后供奉佛像的四轮车依次入城,入城后,像车在城内停留两夜,其间整夜燃灯,并由乐伎奏乐。这种供养方式在中天竺("中国")每个国家都是如此。

(十四)王舍城访耆阇崛山

出巴连弗邑,往东南行走九由延,法显与道整来到了小孤石山。这座山的山顶有一洞口朝南的石窟,便是著名的帝释窟。据佛教神话,佛陀当年在此窟坐禅,天帝释带着乐神般遮前来弹琴,并向佛陀请教了四十二个问题。佛陀用手指在岩石上一一比画解答。法显来到时,还看到了据说是佛陀在石上的手指画迹以及山中的寺庙。

从小孤石山西南走一由延,为那罗聚落,便是舍利弗出生地。舍利弗,在佛陀十大弟子中智慧第一,出身于婆罗门,后来回到这个村庄涅槃,后人在此处建了一座佛塔。法显来时,还见过这座舍利弗塔。有人认为,此地便是两百年后玄奘所记载的那烂陀寺故地。但是,据现代考古发掘,那烂陀寺在王舍城的北面约10公里处,法显则记载那罗聚落在王舍城东一由延(约10公里),距离相符,然而方位不合。

从那罗聚落向西走一由延,便是著名的王舍城,是迁都巴连弗邑之前摩竭提国的旧都,也是佛陀时代一个重要城市,佛陀生前六大说法地之一。王舍城有新城和旧城之分,瓶沙王在位时为旧城,由于经常发生火灾,波及王宫,于是瓶沙王在旧城北面奠基并初造了一座新城,到其子阿阇世王在位时,增筑并迁都到了新城。王舍新、旧两城相距很近,新城的故址,在今印度比哈尔邦拉杰吉尔,旧城在新城的南面仅四里(约合 1.8 公里)处。法显与道整首先来到王舍新城,见到城内有两座寺庙,出城西门三百步(约合 440 米),又见到八王分舍利时,阿阇世王分得一份后所建的舍利塔,宝塔高大、庄严、宏丽。

出王舍新城往南走四里,来到一处谷口,进来是一处由五座山环抱的地方。这五座山环峙四周,如同城郭,当中便是王舍旧城了。旧城东西约五六里(约合 2.5 公里),南北七八里(约合 3.3 公里),因是瓶沙王时期的旧都,故又称瓶沙王旧城。相传,瓶沙王在佛陀得道之前便与佛陀关系友善,曾愿意让出半壁江山,被佛陀婉言拒绝后,请求佛陀一旦成道一定要先来度他。佛陀成道后,在鹿野苑度化最初五比丘,之后便依约来到王舍城,受到瓶沙王的诚敬供养。在佛陀的教化下,瓶沙王成为虔诚的护法者,也是第一位皈依佛教的国王。

尽管法显来时,王舍旧城空旷荒芜,已是常年无人居住,但是在佛陀生前,这里却是重要的游化之地,因此留下诸多圣迹。法显在旧城内,参访了舍利弗和目连最初见到颍鞞的地方、尼犍子设火坑及毒饭邀请佛陀的地方、阿阇世王用醉象加害佛陀的地方、耆旧在庵婆罗园建造精舍供养佛陀及一千二百五十位弟子的地方等诸多遗址。1. 关于舍利弗和目连初见颍鞞。舍利弗、目连均为佛陀十大弟子之一,颍鞞(又译为马胜、阿说示)则是佛陀最初所度的五比丘之一。据佛教传说,舍利弗在王舍城见到正在乞食的颍鞞仪容端正高雅,便问他的所从之师和所修之法,颍鞞一一回答。舍利弗于是邀请目连一起前往竹林精舍拜见佛陀,成为佛陀的弟子。2. 关于尼犍子设火坑及毒饭邀请佛陀。尼犍子为六师外道之一,据传说,王舍城内有一位申日(又译为尸利崛多)长者,信奉尼犍子学说,曾与其他六师外道一起,设火坑、毒饭假意请求供养佛陀,佛陀虽知诡计,依然前来,以神力让火坑变成浴池,申日大惊而悔罪,皈依佛陀。3. 关于阿阇世王用醉象加害佛陀。讲的是阿阇世王在调达的唆使下,假意请佛陀入城,却在暗中埋伏一头醉酒的黑象,欲趁机踏杀。佛陀伸开五指,作狮子怒吼,醉象伏地受法,当即被驯服。4. 关于耆旧造精舍供养佛陀及弟子。耆旧,即耆婆,是瓶沙王与柰女所生的庶子,为印度神医,地位类似于我国的扁鹊,他虔诚信佛,曾引导弑父的阿阇世王到佛陀面前忏悔,还将自己的菴婆罗(即芒果)园精舍施舍给了佛陀。

王舍旧城周围五山之中,最高的一座名为耆阇崛山,山峰秀美端庄,林木繁郁,乃是佛陀五大精舍之一——耆阇崛山石窟的所在地。佛陀在初转法轮时,没有固定的居所,后到王舍城游化,来到耆阇崛山,算是有了一处相对固定的场所。这里森林繁茂,比较适合僧侣的野外修道生活,因此在竹林精舍建成之前,耆阇崛山石窟是佛陀重要讲法之地。法显求法,当然不会错过。他在王舍新城买了香、鲜花、燃油和灯具,请了两位当地比丘做向导,从新城南行四里,进入旧城山谷,顺着山路往东南上山跋涉十五里(约合6.6公里),来到了耆阇崛山。在距离山顶三里之处,法显见一洞窟,窟口朝南,便是佛陀当年坐禅的石窟。在这座石窟西北三十步(约合44米)的地方,另有一窟,为阿难坐禅的地方。据佛教神话,魔王波旬曾化为一只雕鹫,在石窟前恐吓阿难,佛陀以神足力,隔着石壁伸出手掌,安抚阿难的肩膀,使阿难不再害怕。法显来时,还看到了据说是魔王雕鹫留下的痕迹和佛陀手掌穿石壁的孔洞。在佛陀石窟前面,有过去四佛坐禅的地方,整座山还有诸罗汉各自坐禅的石窟,达数百个之多。法显还在山上见到一块石头,亦有来历。传说,佛陀当年在石窟前面东西经行,调达欲陷害佛陀,在山北险要高峻处投下石块,砸伤了佛陀的脚趾。法显所见的这块,据说便是调达扔下来的。

图6 印度王舍城耆阇崛山(灵鹫山)

除了这些传说中的遗迹外,佛陀当年在耆阇崛山说法的讲堂已经全部毁坏。面对着依稀可见的砖墙基址,法显不禁感慨万端,潸然落泪,在佛窟前感叹:"佛陀当年便是在这里居住,讲说《首楞严经》。我法显生不逢时,无缘亲见佛陀,只能见到些遗迹而已。"于是,他在佛窟前撒花燃香,点燃灯火,诵读《首楞严经》,并在这里住了一宿后,才返回王舍新城。

在返回王舍新城的途中,法显还拜访了位于旧城北面三百多步(约440米)处的道路西侧的被誉为佛陀五大精舍之一的竹林精舍。竹林精舍为佛陀第一处精舍,又名迦兰陀精舍。佛陀在耆阇崛山石窟住下后,算是有了相对固定的地方,但每当雨季,仍有诸多不便。佛陀的弟子达到了千人之多,也急需一处固定的舍宅。相传,王舍城中一位名叫迦兰陀的长者,在皈依佛法后,将自己的竹园从外道手中收回,由萍沙王在上面修建了精舍,作为佛陀及弟子的安身和讲法之地,这便是竹林精舍。竹林精舍是佛教史上第一座真正的寺庙,佛教早期的圣地。法显在竹林精舍前短暂停留,还看见过寺内有僧人在做打扫。

从竹林精舍往北二三里(约1公里),有一处名为"尸摩赊那"的地方。"尸摩赊那",即弃死人的墓田,又名寒林。古印度有将人死后的尸体弃置于某地,由秃鹫食用的习俗。法显所见"尸摩赊那"的尸体,可能由栖息在耆阇崛山的雕鹫所食用。由此地顺着南山往西走三百步(约440米),有一处石室,名叫宾波罗窟,相传是佛陀经常斋食后坐禅的地方。从宾波罗窟继续向西走五六里(约2.5公里),在山北阴坡处,又有一石窟,名叫车帝窟。车帝窟,便是大名鼎鼎的七叶窟,乃是佛教第一次结集的地方。相传,五百阿罗汉在大迦叶的召集下,于佛陀涅槃后的第一个夏安居日,聚会于七叶窟。因参与者有五百罗汉,故又称"五百结集"。结集伊始,由于阿难没有证得阿罗汉果,不能进窟,五百罗汉少一人,但他在窟外勇猛精进,七天内证得阿罗汉果,顺利进窟,成五百之数。法显来时,还亲眼见到后人在结集地建造的佛塔。

（十五）伽耶城贝多树下访佛成道处

从王舍城西行四由延，法显来到了伽耶城。伽耶城，即今印度比哈尔邦的加雅城。伽耶城南11公里处的菩提伽耶，便是佛陀成道之处，佛教四大圣地之一，留下很多佛陀圣迹。

相传，佛陀出家时，经历曲折，来到伽耶城南二十里的尼连禅河畔的森林中苦行。六年里，日食一麻一麦，乃至身形消瘦，受尽大苦，但始终不能了脱生死而得道。佛陀乃知苦行不可取，于是西行三里，到河水中洗尽尘垢，因身体虚弱，几乎爬不上来，幸亏天神将树枝压低，得以攀缘上岸。佛陀上岸后，北行二里，接受了村长之女（弥家女）施舍的乳糜；再往北行进二里，来到一棵树下，向东坐在石上，吃掉乳糜。跟随他的五位侍从，很是不解，认为佛陀放弃了苦行，退失道心，不久离他而去。佛陀一人独自往东北行半由延，进入一处石窟，向西结跏趺坐，心中默念："若我成道，当有神验。"石壁上于是现出了佛影，长约三尺。这时石窟地动，诸位天神在空中说："这里不是过去、当来诸佛成道的地方，离开这里，向西南半由延的贝多树下，那里才是过去、当来诸佛成道的地方。"诸位天神说完，便在前面引导而去，佛陀起身相随。在距离贝多树三十步的地方，佛陀接受了天神敬授的吉祥草；再向前走十五步，五百只青雀飞来，绕佛陀三圈而去。佛陀来到贝多树下，铺上吉祥草，向东结跏趺坐，发誓道："我今若不证无上大菩提，宁可碎此身，终不起此座。"眼看佛陀即将成道，魔王波旬率领魔兵前来干扰。魔王先派三名魔女，极尽媚态，挑逗佛陀；佛陀沉心寂定，视而不见，反以神通让魔女见到她们骷髅骨节、脓囊涕唾之貌而羞愧归去。魔王大怒，亲自带魔兵刀箭齐发，想尽各种办法攻击佛陀；佛陀身发净光，武器不能近身。最后，佛陀发大神通，以手指地，大地六种震动，发出巨响，于是众魔皆退，佛陀成道。

法显在佛陀成道的菩提伽耶，看到这里有三所寺院，寺院里都有僧人居住，僧人及寺院的民户日用所需，都很丰饶充足、没有短缺。当地戒律严谨，僧人的行、住、坐、卧等个人仪规及入众的僧团法则，都是在佛陀时代遵循并一直流传下来的。法显还在这里参访了佛陀苦行六年处、攀缘树枝处、弥家女奉乳糜处、东向坐石食糜处、石窟现佛影处、受吉祥草处、五百青鸟绕佛处、降魔成道处，以及佛陀成道后，七日观树受解脱乐处、贝多树下东西经行七日处、诸天化作七宝台供养佛陀七日处、文鳞盲龙（目支邻陀龙王）护佛七天处、梵天来请佛陀于尼拘律树下处、四天王奉石钵处、五百商人献面麨蜜处、佛陀度迦叶兄弟师徒千人处，等等诸多佛陀圣迹，这些地方全部建有纪念的佛塔。有些地方，遗迹宛存。像佛陀食糜处的大树和石头，法显便亲眼所见，"石可广、长六尺，高二尺许"。还有显现佛影的石窟，法显见其"今犹明亮"，以及佛陀成道的贝多树，法显看到它"高减十丈"。

（十六）迦尸国波罗奈城访佛初转法轮处

菩提伽耶往西南行三由延，有一鸡足山，是大迦叶寂灭的地方。大迦叶在舍利弗、目连先于佛陀涅槃后，成为佛陀首徒。他在佛陀涅槃后的第一个夏安居日，于王舍城七叶窟召集五百罗汉，将佛陀生前所讲的律典和经文结集，已然是佛陀之后的僧团实际领袖。据佛教神话，佛陀生前，曾嘱托大迦叶，待未来弥勒菩萨降世成佛时，将佛陀的袈裟付与弥勒。大迦叶谨遵师命，在佛陀涅槃后，继续游化二十年，时年已过百，来到鸡足山，席地而坐，说道："我以神通力，当持于此身，以粪扫衣覆，至弥勒佛出。"说完，鸡足山顶，打开一个洞，大迦叶走洞中，入定，山石覆护起他的身体，等待弥勒降世。

法显来到鸡足山，只见这里林木茂盛，又有许多狮子、虎、狼，不可随便乱走。从山顶劈山而入，入口处甚至容不下一人身体，下面极远处有一孔洞，相传迦叶全身便在洞中。孔洞外，有传说是大迦叶净手的泥土，当地人患头痛，抹在头上就可治好。据说，山中还有许多证道的罗汉，各国年年前来供养大迦叶的僧人中，如有心地至诚者，夜里会有罗汉前来，与他讨论经义，等僧人的疑惑解开，罗汉就会忽然隐去不见。

访问完鸡足山后，法显返回了摩竭提国巴连弗邑。这是他第二次来到巴连弗邑，待的时间很短。按，佛陀享年八十，从出生、出家，至成道、传法，最后涅槃，留下无数遗迹，其中最为重要的圣地有四处，即论民园佛出生处、拘夷那竭城双树下佛涅槃处、菩提伽耶贝多树下佛成道处、波罗奈城鹿野苑佛初转法轮处。前三处，法显均已参访，现在只剩鹿野苑了。因此，他在巴连弗邑稍事停留后，便马不停蹄地顺恒河而下二十二由延（中途经过旷野精舍），来到了迦尸国都城波罗奈城。迦尸国，为佛陀时代印度十六国之一，其国都波罗奈城，故址在今印度北方邦瓦拉纳西，因佛陀在此初转法轮，而为佛教四大圣地之一。这里位于恒河北岸，交通发达，东可顺恒河直达摩竭提巴连弗邑，北通拘夷那竭国、拘萨罗国舍卫城，西北直达竺刹尸罗国、弗楼沙国，是佛陀时代的重要城市，佛陀六大说法地之一。

　　佛陀初转法轮的鹿野苑，在波罗奈城东北大约十里处（今瓦拉纳西东北10公里）。相传，鹿野苑环境清幽，历来有许多人在此修行，能达到"五通"（天眼、天耳、他心、宿命、神足）境界。一天，迦尸国国王到此狩猎，围住了一千头鹿。其中鹿王为佛陀的前生，为避免鹿群被一网打尽，与国王商定，每天献出一头鹿，以换取鹿群的生存。鹿王把一千头鹿分成两群，自己和为堂弟调达前生的一头鹿各带领一半。有一天，一头母鹿被轮到献出，便向调达鹿求情，说腹中有鹿仔，希望能免死，但遭到调达鹿的拒绝，于是转求鹿王。鹿王听闻后，决定代母鹿受死。国王见鹿王前来，问了原委，鹿王说："因为国王同意一天杀一鹿，才使群鹿保存下来。今天国王杀母鹿，便等于杀母子两头，故愿代替母鹿就死。"国王赞叹鹿王舍身义举，反省自己滥杀无辜，于是将鹿王放回鹿林，并下令国人以后不准猎杀鹿群。从此，鹿群安心地栖息于鹿林，这便是"鹿野苑"的来历。等到佛陀证道时，鹿野苑中原本有位辟支佛（佛教有所谓三乘，小乘为求证"阿罗汉果"的声闻乘，中乘为求得"辟支佛果"的缘觉乘，大乘为求证"佛果"的菩萨乘）在修行，当佛陀在伽耶城贝多树下即将成道的前夕，诸天神在空中言语："净饭王子出家求道，七日后必当成佛。"辟支佛听闻后，当即涅槃了。辟支佛为缘觉乘，即在佛陀未出世时，独自悟到缘起之理而得解脱，现在佛陀已经成道，一切大众皆在教化之中，便不应有辟支佛在世。因为这位辟支佛在此修行过，所以这里又叫"仙人鹿野苑"。

佛陀出家后，父亲净饭王为保护佛陀的安全，从亲族中挑选了五人随身侍奉佛陀，这五人分别是：憍陈如、颏鞞、跋堤、十力迦叶、摩诃男拘利。他们跟随佛陀一路跋山涉水，访问了许多著名的修行者后，来到伽耶城南尼连禅河畔的森林中苦行六年。在见到佛陀求道不果，放弃苦行，洗去尘垢并吃乳糜后，认为佛陀已经退失了道心，不足为侍，便离佛陀而去，来到了迦尸国波罗奈城，继续苦修。后来，佛陀终于在贝多树下成道，便来到波罗奈城找到五人，为他们宣讲佛法。因为这是佛陀首次宣讲佛法，故称初转法轮。憍陈如、颏鞞、跋堤、十力迦叶、摩诃男拘利等五人，也便为佛陀的首批弟子，史称"五比丘"。

法显来到波罗奈城，观察到城中有两座寺庙，里面都有僧人居住。在城东北的鹿野苑，法显还看到了四座佛塔。一座在五比丘向佛陀行礼的地方。相传，五比丘看到佛陀从远处向鹿野苑走来，互相商量说："这位乔达摩沙门原来苦行六年，一天只吃一麻一麦，尚且不能得道，现在他已然入世，放纵身体、口腹、意念的欲望，还能成什么道？他来了，我们谨慎点，不要和他说话。"但是当走近时，五比丘只见佛陀崇高庄严、光芒灿烂，不自觉地起身行起礼来。一座在佛陀初转法轮而坐的地方，位于五比丘行礼处往北六十步。相传，佛陀在此地东向而坐，向五比丘从不同角度讲说了三遍四谛之理，又称三转法轮；还讲了既不赞同极端苦行，又反对放纵所欲的中道思想。一座在佛陀为弥勒受记的地方，位于初转法轮处往北二十步。相传，弥勒本为佛陀弟子，先佛入灭，上生于三十三兜率天内院，佛陀预言弥勒将在未来成佛。一座在翳罗钵龙问佛陀的地方，位于佛陀为弥勒受记处南五十步。据佛教神话，翳罗钵龙前生曾手斫伊罗草，以果报为得龙身，后诚心修行，问佛陀何时能够脱去龙身，佛陀告诉他至弥勒佛世，可恢复人身。

从鹿野苑继续往西行十三由延，法显来到了拘睒弥国。拘睒弥国，又称跋沙国，佛陀时代印度十六国之一，因都城在憍赏弥（拘睒弥之异译），又称憍赏弥国。憍赏弥城故址在今印度北方邦阿拉哈巴德市科桑村，是佛陀生前六大说法地之一。法显在这里参拜了一座名为瞿师罗园的精舍，相传是佛陀曾居住数年的地方，看到精舍内住有许多僧人，大多信仰小乘佛教。从瞿师罗园精舍向东走八由延，还有一处佛陀度恶鬼的地方，佛陀曾经也在这里居住过。佛陀经行、坐禅的地方,都建起了佛塔。当地也有寺院,居住有百余位僧人。

法显在拘睒弥国时,还听闻往南二百由延处,还有一达嚫国,国中有迦叶佛寺。据研究,达嚫国便是后来玄奘《大唐西域记》中的南憍萨罗国,此国位于印度中部,与拘睒弥国相距约600公里,是龙树的出生地。龙树(约150—250年间在世),为中观学说的创始人,大乘佛教最重要的论师,在佛教史上地位崇高,在中国有"八宗共祖"(三论、天台、华严、唯识、净土、禅、密、律)的称号,甚至被人认为是仅次于佛陀的"释迦第二"。法显在《佛国记》记载,达嚫国有"过去迦叶佛僧伽蓝",又名波罗越寺,即鸽寺,"波罗越者,天竺名鸽也",其实是误传。首先,该寺不是过去迦叶佛的,而是达嚫国国王为龙树建造的;其次,该寺名为跋逻末罗寺,也不是波罗越寺(鸽寺)。盖因达嚫国地处幽险,路途遥远,想要前去,必须先送金钱货物给当地国王,因此法显没能亲身到达,只是听拘睒弥国当地人的传闻所致。

(十七) 摩竭提国巴连弗邑抄经律

从迦尸国波罗奈城顺恒河东下,法显再次回到了摩竭提国巴连弗邑。按,法显来天竺的目的,是为了寻求戒律,在各国瞻仰佛陀圣迹的同时,一直没有忘记初衷。他见北天竺各国的佛法,都是口耳相传,根本无律可抄后,继续远程跋涉,深入中天竺,终于在佛法兴盛的巴连弗邑,找到了梦寐以求的戒律文本。

法显在巴连弗邑阿育王塔旁,由罗沃私婆迷主持的那座庄严壮丽的大乘寺庙里,一边学习梵语,一边潜心抄律。他抄的第一部律,是《摩诃僧祇众律》。据说,这是由佛陀在世时从祇园精舍传下来的文本,为僧众最初奉行的戒律,在后世流传最广,内容也最详备。按,从佛陀涅槃百年即约公元前370年起,到大乘佛学开始流行的公元150年前后止,历时约五百年,佛教经历了多次分化,史称部派佛教时期。起初分化为上座、大众二部,此后两部继续分裂,上座部经七次分裂而成十一部,大众部经四次分裂而成九部,合计二十部,除去最早的上座、大众两部,即常说的十八部派。十八部派都有对《摩诃僧祇众律》的传授,它们在大宗旨上没有区别,只是在某些地方或宽松一点,或严谨一点,有微小差异而已。法显还抄了一部《萨婆多众律》。这部律,在法显时代,汉地也有僧人传授,但也是口耳相传,没有写成文字。此外,法显还在这里抄得了《杂阿毗昙心》《綖经》《方等般泥洹经》以及《摩诃僧祇阿毗昙》等多部经藏、论藏的佛典。

法显时代的印度,还没有造纸和印刷术,佛经都是写在贝多罗树叶上,因此称为贝叶经。贝叶经要用专门的铁簪子刻在贝叶上,既不能用力过度,不然会毁损贝叶,又不能用力过轻,否则字迹不清,难以识读。如此长年累月地抄写经书,是对体力和耐力的双重考验。法显尽管年过花甲,似乎并没有感到辛苦和疲倦,也许这还是他生命中最愉悦的时光,因为历尽千辛万苦,终于能在佛陀生活的土地,瞻仰佛陀的圣迹,沐浴佛法的光辉,寻找到了孜孜以求的戒律。对于法显这样虔诚的佛徒来讲,这无疑是最充实的生活、最理想的修行。

从公元406年至408年,法显在巴连弗邑学梵语、读梵文、抄梵律,时光荏苒,一晃三年转瞬而逝。屈指算来,法显已经离开长安近十年了,面对着业已抄完的佛经,他决定返回东土。一起从长安出发、一路相伴相随的道整,却有了不同的想法。这些年,在"中国"(中天竺)所见所闻的沙门法则、众僧威仪,都呈现出与东土不同的气象,相较之下,处在佛法边远地区的汉地,僧众戒律显得如此的残缺不堪。道整于是立下誓言:"自今已去至得佛,愿不生边地。"他决定留下来修行,今生乃至来世,都不愿到佛法边远之地去了。法显则认为,正是因为东土戒律残缺,故此才西行求法;现在戒律已经求得,不正好可以将之带回汉地,以补残缺吗?法显尽管也留恋这片佛陀的土地,但还是独自一人,不忘初心,毅然地踏上了返回汉地的归途。

(十八)多摩梨帝国绘佛画

是从原陆路返回汉地,还是从新取海路返回汉地,成为法显面临抉择的一个问题。在《佛国记》中，法显没有记下缘由，我们只知道他最终选择了海路。或许，他返程时身负多部贝叶经佛典，再走陆路的话，翻山越岭可能会有诸多不便；也或许，他听闻南方还有一处佛法兴盛的师子国，决心从海路顺道前去求法。

法显从巴连弗邑出发，打算顺恒河而下到出海口搭乘商船。他东行十八由延，中途来到了位于恒河南岸的瞻波大国。瞻波大国即佛陀时代印度十六国之一的鸯伽国。该国西邻摩竭提国，佛陀在世时，被摩竭提国荓沙王所灭。其国都位于瞻波城，故址在今印度比哈尔邦帕格尔布尔，是佛陀生前六大说法地（即王舍、舍卫、毗舍离、波罗奈、憍赏弥、瞻波）之一。法显在瞻波城，看到佛陀精舍、佛陀经行处及过去四佛坐禅处，都建有佛塔，当地还有僧人居住。

从瞻波大国继续顺恒河东行五十由延，法显来到了位于出海口的多摩梨帝国。多摩梨帝国，地理位置在今印度西孟加拉邦德姆卢格，这里海陆交会，商业繁盛，是印度东部非常重要的港口。在多摩梨帝国，法显看到当地佛法兴盛，共有二十四座寺庙，都有僧人居住。尤其当地异常丰富的佛经和佛像绘画，使法显停下了东归的脚步。为了抄写佛经、学习画像，法显在多摩梨帝国一住便是两年。在公元409年至410年的这两年里，法显在多摩梨帝国抄了哪些经，怎么学习绘像，又绘了哪些佛像，可惜《佛国记》中没有细说。晚于法显大约一百年的北魏郦道元，在《水经注》中记载，在彭城县（今江苏徐州）泗水西有一座龙华寺，是法显从西域浮海东归后"持《龙华图》首创"。这幅《龙华图》，可能就是法显在多摩梨帝国所习绘的。

五、师子国居留

与我国冬季多西北风、夏季多东南风不一样,印度冬季多东北风、夏季多西南风。公元410年的初冬,东北季风刚起,法显乘上了一艘大商船,从多摩梨帝国出发,顺风往西南方向航行了十四个昼夜,历程约七百由延(实际距离约1700公里),来到了师子国。师子国,便是今天的斯里兰卡。

相传,目犍连子帝须长老在阿育王(前273—前232年在位)的支持下,于巴连弗邑举行了佛教第三次结集后,派遣九路高僧到毗邻国家和地区传播佛法。其中,帝须长老的弟子、阿育王的儿子摩哂陀,被派到了南方的师子国。摩哂陀将佛教带到师子国后,斯里兰卡渐渐成为佛教向东南亚传播的主要基地。经过这一路线传播的佛教也叫南传佛教。

法显来到师子国时,看到这里佛法非常兴盛,有很多著名的佛寺及佛陀圣物,佛教典籍也很丰富。为参拜这些圣地和圣物,以及抄写经文,他再次停止了东归的脚步,在这里居留了两年。

(一) 访大寺

相传,摩哂陀一行来到师子国,在王城阿努拉德普勒附近的密兴多列山,遇到了正在狩猎的天爱帝须国王(前247—前207年在位)。经过一番交谈,天爱帝须国王很是高兴,将摩哂陀一行带回了王城,并在听闻摩哂陀讲说佛法后,皈依了佛教,成为师子国第一位佛徒。有了国王的引领和示范,师子国的官员和百姓很快信奉起佛教,据说七日内信奉佛教的有八千五百人,两个月后整座王城及附近的人都信仰了佛教,可见佛法弘传非常顺利。天爱帝须王还将自己位于城南的摩诃弥迦园献给了摩哂陀,并在此地建造了著名的大寺。大寺,便是师子国最早的佛寺,也是斯里兰卡上座部佛教的中心；寺中僧人被称为大寺派，后来在十二世纪被国王波罗迦罗摩巴忽一世确立为国教，是今天南传上座部佛教的源头。

大寺，法显在《佛国记》中称之为"摩诃毗诃罗精舍"，寺中当时住着三千僧人，可见规模之大。法显来到大寺时，正好赶上观看了寺中一位高僧的火葬仪式。这位高僧生前戒行清净，国人都怀疑他可能已得道成罗汉了。临终前夕，国王前来探视，问他："比丘得道了吗？"他据实回答道："是罗汉。"于是在他临终后，国王按照经律的规定，以罗汉的仪轨为他举行葬礼。葬礼前，先在大寺东面四五里处，用上等大块木柴堆起一座长、宽、高各约三丈的柴堆，上层放置旃檀、沉香等各种香木，柴堆四周搭起台阶，并用干净的上等白布蒙上；然后再做一张大舆床，形状与汉地丧车类似，只是不画龙鱼图案。火葬开始，国王、百姓及比丘、比丘尼、优婆塞和优婆夷四众集在一起，献上鲜花和香，跟随载着高僧遗体的舆床来到葬地，在国王亲自供奉鲜花和香后，将舆床放置在柴堆上，用酥油浇遍柴堆，然后开始焚烧。大火燃起时，人人敬心，各自脱去华服，将羽仪、伞盖等远掷到火中，以助火势。火葬结束后，将骨头收起，建塔供奉。

法显还在大寺中观摩了国王为寺中僧人新建精舍的封赐仪式。这位笃信佛法的国王，会先召集僧人大会，提供斋食；供养完毕后，再用两头上好的牛（牛角用金银、宝物装饰），拉着制作精良的金犁，亲自在一块土地上耕田；然后将这块土地及上面的民户、田宅等封割给寺院，并书写在铁券上，此后世代相承，谁也不能废除或变动。

（二）拜贝多树

摩晒陀将佛教带入师子国后，上至官员贵族，下至黎民百姓都纷纷信佛。天爱帝须国王的王妃也要皈依，但以佛教戒律，男性比丘不能为女性比丘尼授戒。为此，在天爱帝须国王的邀请下，阿育王女儿、摩晒陀的妹妹僧伽密多率领十一位比丘尼来到了师子国，建立了斯里兰卡第一个比丘尼僧团。

僧伽密多来师子国时，还带来了一根贝多树枝条，这是特意从菩提伽耶佛陀成道处那株贝多树上折取的,被扦插在了大寺的佛殿旁边。后来枝条生根发芽,在法显来大寺参访时,已长成二十丈高的大树。法显看到,这株贝多树原本向东南方向倾斜,因国王担心倒掉,便被用八九围的木柱支撑起来。后来树又在木柱撑住的地方生出新枝,新枝穿过木柱往下生长,入地又生了根。这样经过不断繁殖,树已长得有四围之粗。原本用来支撑的木柱已经从中间被撑裂,但仍然裹在树干的外层,没有被人移走。这株贝多树下,还建有一座精舍,里面有一尊佛陀坐像,受到僧侣、俗人的诚心敬仰。

这株斯里兰卡的贝多树,至今还繁茂地生长着,已有两千多年的历史,是世界上有史可考的最古老的名木,被斯里兰卡人民视为国宝,极受尊重。那株在菩提伽耶佛陀成道的贝多树则命运多舛,遭到多次破坏,终于在十二世纪伊斯兰教进入印度时被彻底摧毁。目前在菩提伽耶的贝多树,则是后来从斯里兰卡这株再折枝移植回去的。

(三) 访无畏山寺

师子国还有一座与大寺齐名的寺庙——无畏山寺。无畏山寺,位于王城阿努拉德普勒的北面,是师子国伐多伽摩尼王(约前29—前17年在位)为摩诃帝须长老建造的。当时,师子国正受到南印度信奉婆罗门教的泰米尔人入侵,伐多伽摩尼王带领国人奋起反抗,光复了国家。为了报答摩诃帝须长老在其流亡期间的大力帮助,伐多伽摩尼王专门为他修建了一座寺庙,即无畏山寺。摩诃帝须本是大寺的僧人,因时常与俗人交往,受到号称正统、谨守戒律的大寺派长老们的斥责,还被褫夺了僧籍。摩诃帝须的弟子因反对大寺派长老会议的判决,也被定下袒护的罪名,从大寺摒除。于是,摩诃帝须和弟子及一批支持者,干脆聚集在无畏山寺自成一派,与大寺派分庭抗礼。摩诃帝须与俗人交往,正是大乘佛教深入大众、普度众生的做法,但这在大寺派上座部佛教看来却是犯戒。无畏山寺派与大寺派的分裂,是斯里兰卡佛教的第一次分裂。[①]

法显来到无畏山寺时,正值它发展的鼎盛时期,规模比大寺还大,僧人达五千人之多。寺庙里有一座佛殿,用金银刻镂,并以各种宝物装饰而成;殿内一尊高约两丈的青玉佛像,右掌一枚无价宝珠,全身透着七宝辉光,仪态庄重,法相威严,非言语所能表达。

在这尊青玉佛像旁,法显突然见到一件让他心绪难平的东西——一把白绢扇。这种用白色丝绸制作的团扇,只有汉地才有,唯其珍贵,所以被用来供奉佛像。按,法显此时已经离开中土十余年了,所接触的人全是异域人,所看见的山川草木也全是异域风景,正所谓"举目无旧"。一起西行求法的诸位同道,有的提前返回,有的留在天竺,有的中途亡故,现在只剩下他孑然一人,形影相吊,常自悲叹,这把来自故乡的白绢扇,一下子让法显睹物思人,凄恻悲伤,不觉泪如雨下! 法显西行求法十余年,曾落泪三次:一次在小雪山,悲恸同伴慧景去世,是为人而哭;一次在耆阇崛山,悲叹自己生不逢时,不能亲见佛陀,是为心而哭;这一次在无畏山寺,悲念离开多年的故土,则是为故乡而哭。

（四） 观佛齿舍利

师子国除了菩提树外,还有另一件国宝级的佛陀圣物——佛齿舍利。据佛教神话,佛陀荼毗后,留下四颗佛齿舍利,分别在天帝释忉利天、海龙王宫、犍陀罗国、羯陵伽国。犍陀罗国的那颗佛齿,后来辗转来到东土,现藏于我国北京灵光寺。羯陵伽国的那颗,在公元四世纪战乱之际,则在国王的安排下,由赫摩玛拉公主藏在发饰中,带到了相对和平安宁的师子国。当时,师子国室利·弥伽婆拉王(362—409年在位)亲自将佛牙安置在王宫之中,并请无畏山寺的长老主持了盛大的奉祀典礼。以后每年,

---

① 至公元三世纪,无畏山寺派因接受了大乘方广派的思想,遭到国王的打击。几十年后,高差波王在位时(309—324年),无畏山寺的乌悉利亚帝须长老担心本派再受打击,便带领三百余名弟子迁居于南山寺。后来,摩诃森王(334—362年在位)支持无畏山寺派,捣毁了大寺中的很多佛殿,在大寺境内另建了一座祇陀林寺,供养南山寺的高僧帝须长老,形成了祇陀林派。这是斯里兰卡佛教的第二次分裂。但不知为何,法显《佛国记》中却没有记载祇陀林寺。

师子国都要举行一次将佛齿舍利从王城迎往无畏山寺的游行,以供僧众和百姓瞻拜。

为了观看佛齿舍利,法显来到了师子国王城,只见这里国王净心修持佛法,城内百姓对佛法也有很深厚的信仰。自立国以来,国内没有发生过饥荒丧乱。王城中居住着许多居士、长者以及阿拉伯商人,房屋庄严华丽,道路平坦整齐,四通八达的道路尽头都建有一座说法堂。每月八日、十四日及十五日,说法堂内会铺设高座,比丘、比丘尼、优婆塞、优婆夷等僧俗四众云集,听闻佛法。据当地人讲,城里总共约有六万僧侣,都有众食供应,国王在城里另外设置了可供五六千人享用的众食,有需要的僧侣,可以拿着自己的钵盂去取,随便钵盂大小,都可以盛满了再走。

佛齿舍利平时被供奉在王城内一座七宝精舍内。除了佛齿舍利外,这座精舍的僧库中还藏有许多珍宝,其中有一颗无价的摩尼珠。有一次,国王进入僧库游观,见到这颗摩尼珠后,起了贪心,想将摩尼珠夺为己有。三天后,国王悔悟,立即到僧人面前稽首,忏悔之前的犯罪之心。从这以后,国王就建议精舍的僧人立一项制度:不允许国王进入僧库;比丘的法腊满了四十后,才允许进入僧库。

法显在《佛国记》中,细致地描绘了当时佛齿游行的情形:

> 佛齿常以三月中出之。未出十日,王庄校大象,使一辩说人,著王衣服,骑象上,击鼓唱言:"菩萨从三阿僧祇劫,苦行不惜身命,以国、妻、子及挑眼与人,割肉贸鸽,截头布施,投身饿虎,不吝髓脑,如是种种苦行,为众生故。成佛在世四十五年,说法教化,令不安者安,不度者度,众生缘尽,乃般泥洹。泥洹已来一千四百九十七年,世间眼灭,众生长悲。却后十日,佛齿当出至无畏山精舍。国内道俗欲殖福者,各各平治道路,严饰巷陌,辨众华香、供养之具!"如是唱已,王便夹道两边,作菩萨五百身已来种种变现,或作须大拏,或作睒变,或作象王,或作鹿、马。如是形像,皆彩画庄校,状若生人。然后佛齿乃出,中道而行,随路供养,到无畏精舍佛堂上。道俗云集,烧香、然灯、种种法事,昼夜不息。满九十日乃还城内精舍。

佛齿游行典礼,常常在每年三月。在游行前的第十天,国王会将大象装饰一番,派一位能说会道的人,穿上国王的衣服,骑在象上,敲着鼓,大声宣告:"很久很久以前,佛陀就开始修持苦行。他不惜身家性命及国家、妻子、儿子,挑眼与人,割肉贸鸽,截头布施,投身饿虎,真可谓不惜髓脑。他这么多的苦行,都是为了拯救众生啊。佛陀成佛后在世四十五年,说法教化,使不能安定者安定,不能化度者化度,等到跟众生的缘尽后,才灭定涅槃。佛陀涅槃至今已经一千四百九十七年了,佛陀入灭是我们众生长久的悲痛。再过十天,佛齿将被请出来奉迎到无畏山精舍,国内僧侣、俗人凡是想种植福田的,请打扫、装饰一下街巷,准备好鲜花、香以及其他供养的东西。"这样宣告后,国王便在道路两旁树立佛陀在过去五百世种种化身的形象,有须大拏、睒变、象王、鹿、马等,都用彩画描绘,装饰一新,形象生动,栩栩如生。一切准备就绪,方才将佛齿奉请出来,顺中道而行,一路供养,来到无畏山寺,安置在佛堂上。僧侣、俗人云集无畏山寺,烧香燃灯,做种种法事,昼夜不停。一直供养九十天,然后再送还回王城内的佛齿精舍。

在今天,斯里兰卡仍有一年一度的佛牙节,是当地一道靓丽的人文景观。法显的记载,为我们了解一千六百多前的"佛牙节",提供了宝贵的历史资料。

(五) 访跋提精舍

相传,摩哂陀一行刚到师子国时,在王城阿努拉德普勒附近的密兴多列山的石窟中结夏安居;后来也是在山上遇到天爱帝须国王,才将佛法引入了师子国。因此,密兴多列山成为斯里兰卡佛教的起源地,也是今天南传佛教的圣地,山上有很多著名的佛教遗迹。其中有一座塔山寺,就是为了纪念当年摩哂陀夏坐而修建的。

法显《佛国记》称塔山寺为"跋提精舍"。当时,精舍里居住着大概两千僧人,其中一位名叫达摩瞿谛的大德高僧,深受师子国的人民敬重和仰慕。据说达摩瞿谛在寺内一间石室里住了四十多年,常行慈德,甚至感化了蛇、鼠,能使蛇、鼠同处一间内而互不伤害。

（六）抄写经律

法显在师子国除了参拜这些圣地和圣物外，更为重要的工作是抄写佛经。公元411年至412年的两年里，法显抄得了《弥沙塞律》藏本，以及《长阿含》《杂阿含》《杂藏》等诸部佛经。这些佛典，都是当时法显在汉地所没有见到过的。

有一次，法显在王城听到一名天竺僧人于说法堂高座上诵经，内容讲的是在佛陀涅槃后佛钵流传及未来弥勒佛降世的佛教故事。法显请求僧人写下此经，却被告知没有文字记录，只是凭记忆口诵。不过，法显还是将听到的经文用文字记录了下来，在《佛国记》中有详细记载。

六、海航回国

公元412年阴历八月,在师子国抄完佛经后,法显登上一艘商船,再次开启了东归的航程。这座商船很大,乘载了大概二百人。大船后面系着一条小船,这是以防大船在海上遇到危险而损坏时使用的。

(一) 大海漂流

这一天,西南信风刮起,似乎是个有利于航行的日子,法显所乘坐的商船扬帆启程了。未曾想,他们向东航行了仅两天,就遇到了大风,海浪打漏了船舱,海水涌了进来。商人们争先恐后地想挤上小船,小船上的人却唯恐来人太多,会将小船压沉,于是砍断了两船之间的缆绳。商人们惊恐万状,生命危在旦夕,因担心海水灌满大船,便将粗重的货物统统扔进了大海。法显也将随身的净瓶(君墀)、澡罐以及其它杂物抛进了大海。这时,法显心中唯恐商人也将佛经、佛像丢进大海,于是一心一意默念观世音以及归命于汉地众僧:"我远道而来寻求佛法,但愿尊威的神灵使大海恢复平静,让我们能平安地到达目的地。"大风一直刮了十三个昼夜,商船终于在一个岛边靠岸。海潮退去之后,船员检查大船的漏洞,将漏洞补好后,商船继续向前航行。

这一带海域有许多海盗,如果遇上,没有人能够幸免。茫茫大海,弥漫无边,根本无法辨认方向,只有靠观察日月星辰勉强往前航行。如果遇上阴雨天,船会被大风吹着走,就没有确定的方向了。每当黑夜降临,大海巨浪翻滚,涛水搏击,海面不时有亮光晃动,那是鼋鼍之类的水怪在游动。在这幽幽黑夜里,商人们慌乱无主,不知往哪个方向航行才好。海水深邃无底,想找个地方抛锚停船也找不到。只有等天晴,能辨认方向后,才能调整方向继续航行。途中还要预防暗礁,如果撞上,就没有活路了。

(二) 耶婆提国

这样一直漂流了九十天,商船才来到一个叫耶婆提的国家。耶婆提国,一般认为在苏门答腊或者爪哇。此国在《后汉书》中名"叶调",《宋书》中名"阇婆(婆)达",曾在汉顺帝、南朝刘宋文帝时遣使来华朝贡;新旧《唐书》中名"阇婆"或"诃陵",也在贞观、大历、元和年间多次来华朝贡;元明之后,则称"爪哇"。也有人认为耶婆提国在北美洲,但证据不足。

耶婆提国崇信外道,婆罗门教很兴盛,佛法微不足道。法显在这里足足等了五个月,终于等到了另外一艘去往东土的商船。

(三) 东向广州

这艘商船向东北方向航行,目的地是东土的广州(今广东广州)。商船上也有二百多人,携带了五十多天的口粮。船在当年的四月十六日启程,于是法显只能在船上结夏安居,这是他西行之后第十四次夏坐,时维东晋义熙九年(413年)。

船在大海上航行了一个多月后,某一天夜里二更时分,突然遇上了黑风暴雨。商人们都惊恐不安,法显这时也一心默念观世音及汉地众僧。幸亏尊威的神灵保佑,总算挨到了天亮。天亮之后,一群信奉婆罗门教的商人在一起议论:"就是因为搭载了这个和尚,才使我们航行不利,遭受大苦。应该将他赶下去,留在海岛边上。总不能为了一个人,叫我们大家都遭受危险吧。"法显的檀越(资助者)回应道:"你们要想扔下这位和尚,就连我一起赶下去好了。如果不这样做,那么就将我杀了。你们要是将这位和尚赶下船,我到了汉地,必定向国王禀告你们的所作所为。要知道,汉地国王可是敬信佛法,敬重比丘僧的。"于是,这些商人们踌躇不决,不敢轻易赶法显下船。

更不幸的是,由于一连多日阴云密布,海师观察方向时发生了偏差,使得船在海上一直航行了七十多天还没达到目的地。眼看船上的粮食、饮用水都要用完了,大家只能用咸涩的海水做饭。每人大概分了两升淡水,用完就彻底没有了。商人们议论说:"正常情况下,只需要五十天就可以到达广州,现在已经超过好多天了,还没有到广州,是不是方向走偏了?"于是商船调转航向,向西北方向寻找海岸。从后来的行程推算,当时商船很可能已经驶过广州,而进入了今我国东海领域。

这样往西北昼夜航行了十二天,商船终于来到了一片海岸。只见岸上的野菜很是眼熟,法显这才意识到,自己已经回到了汉地!

(四) 牢山登陆

法显等一船人在大海上历尽艰辛,多日来一直惶惶不安,现在终于登岸来到了中土,但因见不到居民和行人,仍然不知道具体来到什么地方。有人说还没到广州,有人说已经走过了,一时难以确定。于是有人就乘着小船,沿河湾寻找当地人,打听这里到底是哪里,果真遇到两位猎人,立即将他们带回到大船。法显本为汉地人,又在天竺生活多年,于是被请做翻译,向猎人问讯。法显先安慰了这两名猎人一番,然后问他们:"你们是什么人?"他们回答:"我们是佛陀的弟子。"又问:"你们进山干什么?"他们诡谲地回答:"明天是七月十五,我们来摘些鲜桃供奉佛陀。"又问:"这是什么国家?"回答说:"这里是青州长广郡地界,属于晋朝统辖。"一听到这句话,商人们高兴极了,给了猎人们一些财物,并派人前往长广郡报信。

东晋长广郡郡治不其县,故址在今山东省青岛市崂山区。时任长广郡太守李嶷是个敬信佛法的人,听到说有和尚带着佛经、佛像飘洋过海而来,当即带人跟着报信者来到海边,将法显连同佛经、佛像迎接到长广郡的治所。商人们则在当地补充了淡水、蔬菜后,前往扬州。

法显在长广郡待了些时日,又应邀在兖、青二州刺史刘道怜那里居住了"一冬一夏"。这位刘道怜乃南朝宋武帝刘裕的弟弟,晋安帝义熙四年(408年),任并州刺史兼义昌太守,北魏南侵时,镇山阳(今江苏淮安);义熙七年(411年),改任北徐州刺史,镇彭城(今江苏徐州);义熙八年(412

年),征为都督兖、青二州晋陵京口淮南诸郡军事,兖、青二州刺史,镇京口(今江苏镇江);义熙十一年(415年),改任都督荆湘益秦宁梁雍七州诸军事、荆州刺史。按,法显于义熙八年(412年)从师子国起航,"二日"后遇大风,连刮"十三日",在一小岛将船修补好后再出发;又漂流"九十日许",到耶婆提国,停留"五月日",于义熙九年(413年)"四月十六日"搭乘另一艘船驶往广州;航行"一月余日",遇到黑风暴雨,险被扔下商船;再航行"七十余日",于长广郡牢山南岸登陆,时维义熙九年七月十四日("明当七月十五日"),当时兖、青二州刺史刘道怜镇京口(今江苏镇江),因此法显这"一冬一夏",地点在京口,时间从义熙九年的冬天到义熙十年的夏坐结束。

义熙十年夏坐结束,已是当年阴历八月,距法显牢山登陆整整一年了。于是,法显整装南下,来到了东晋的都城建康。在那里,还有更重要的事情等着他来完成。

七、建康译经

法显传

法显从长安出发时共有五人，在张掖遇到智严、宝云等六人，他们一同在张掖夏坐后，过敦煌、穿沙河、历鄯善，至焉夷时，因当地人不甚友善，智严等三人前往高昌国寻求资助，从此与法显等人别过。

智严后来去了罽宾（今克什米尔），拜佛大先为师，其间结识了自幼受学于佛大先的佛陀跋陀罗。智严见佛陀跋陀罗佛理精深，便邀请他一起到汉地弘法。两人历尽艰辛，来到了佛教重镇——长安。当时一代高僧鸠摩罗什正在长安组织五六千人的大译场，主持译经。后来因与鸠摩罗什的佛法理念不一致，佛陀跋陀罗于义熙七年（411年）被鸠摩罗什一派的僧众逐出了长安，带领弟子去了庐山，受到慧远的欢迎。佛陀跋陀罗在庐山待了一年后，于次年（义熙八年，412年）秋西行到了荆州，后被人引荐给了权臣刘裕（即后来的宋武帝）。义熙九年（413年）二月，佛陀跋陀罗随刘裕来到了建康，住在道场寺中。

佛陀跋陀罗来到建康道场寺之时，法显正在耶婆提国焦急地等待着前往东土的商船，两个月后，他终于登上航船，再过三个月方在牢山登陆。法显受刘道怜之邀在京口居留的时候，可能收到了一份来自建康的邀请，打消了他前往长安的念头。当时，跟随佛陀跋陀罗来到建康的，有他的一位弟子——宝云，此人正是法显在张掖遇到的六僧之一。宝云跟随法显等人一直云游到了北天竺的弗楼沙国，在观看了佛钵之后，返回了东土，后在长安拜佛陀跋陀罗为师。佛陀跋陀罗在长安受到排挤，受慧远大师的邀请南下，先上庐山，后到荆州，再至建康期间，宝云一直追随左右。也许正是这么一层关系，法显被引荐给了慧远大师，并在慧远的促成下，也住进了道场寺。于是，法显与佛陀跋陀罗，一位是西行求法归来的佛徒，一位是东来汉地弘法的高僧，相遇在建康道场寺，携手开始了他们的译经事业。

073

图 7　南京古瓦官寺

法显从天竺一共带回了十一部佛经,计有:《摩诃僧祇律》《大般泥洹经》《方等泥洹经》《僧祇比丘戒本》《杂阿毗昙心》《杂藏经》《綖经》《长阿含经》《杂阿含经》《弥沙塞律》《萨婆多律》。其中,《摩诃僧祇律》《大般泥洹经》《方等泥洹经》《僧祇比丘戒本》《杂阿毗昙心》《杂藏经》六部译出,《綖经》《长阿含经》《杂阿含经》《弥沙塞律》《萨婆多律》五部则未及译出。

法显西行的主要目的是寻找戒律,当时在印度流传的共有五部,分别是《摩诃僧祇众律》《弥沙塞部五分律》《萨婆多部十诵律》《昙无德部四分律》和《迦叶维律》,其中《迦叶维律》一直未传至东土,故后来在汉地流传的只有前四部。这四部之中,法显带回来的就有《摩诃僧祇律》《弥沙塞律》《萨婆多律》三部,可见法显对汉地佛教戒律流传的贡献之大了。

法显所携归的这三部戒律,由他译出的是《摩诃僧祇律》。"摩诃僧祇"即"大众",此律即大众部的基本戒律,故又名《摩诃僧祇众律》《摩诃律》。在法显之前,这部律在中土也有翻译,但都是简略的删节本。法显在天竺带回来的为全本,是他在摩竭提国巴连弗邑的大乘佛寺所觅得,这也是他西行求法最为重要的收获。法显与佛陀跋陀罗于东晋义熙十二年(416年)十一月在建康道场寺始译此经,至义熙十四年(418年)二月译完。所译出的《摩诃僧祇律》凡四十卷,包括比丘戒法和比丘尼戒法两部分,其中,卷一至卷三十五为比丘戒法,列举比丘戒二百一十八条,杂诵跋渠法一百一十三条,威仪法五十条;卷三十六至卷四十为比丘尼戒法,列举比丘尼戒二百七十七条,杂诵跋渠法三十四条。

《萨婆多律》《弥沙塞律》两部没有被译出。《萨婆多律》全称《萨婆多部十诵律》,又称《十诵律》,最早于后秦弘始六年(东晋元兴三年,404年)传入中土,当时法显正在北、西天竺云游求法。那一年,以精通《十诵律》著称的罽宾高僧弗若多罗来到长安,与鸠摩罗什合译此律,可惜未译完便去世了;一年后,另一位以律藏驰名的高僧昙摩流支也来到长安,在慧远的劝请下,继续弗若多罗的工作,最后终于完成。这也是中土译出的第一部完整律藏。可能是因为法显在归国后发现此律已经在汉地译出,因此没有再译。《弥沙塞律》全称《弥沙塞部五分律》,又称《五分律》,在法显携归梵本之前,一直没有传入中土。法显本来有心翻译此律,可惜尚未来得及进行,便溘然去世了。后来,罽宾高僧佛大什在南朝宋景平元年(423年)七月来到建康,于同年十一月被邀请翻译此经,次年十二月完成。

法显所译佛经之中,影响最大的则是《大般泥洹经》。此经又称《佛说大般泥洹经》,于东晋义熙十三年(417年)十月一日起译,至义熙十四年(418年)一月完成。他们翻译的这个本子共有六卷,凡十八品,即序品、大身菩萨品、长者纯陀品、哀叹品、长寿品、金刚身品、受持品、四法品、四依品、分别邪正品、四谛品、四倒品、如来性品、文字品、鸟喻品、月喻品、问菩萨品、随喜品。此经是我国大乘佛教理论从"般若空"向"佛性有"发展的重要经典,经中提出"泥洹不灭,佛有真我。一切众生,皆有佛性"的思想,引发中土佛教的思辨浪潮,对中国佛教发展产生重要影响。法显与佛陀跋陀罗的译本问世后,还引发了佛教史上著名的道生"一阐提成佛"公案。按,《大般泥洹经》虽然明确提出"一切众生皆有佛性",肯定"一切众生皆可成佛",但是在多处又明示"除一阐提"("阐提"为梵语的音译,意思是永远不得成佛的根机),因此按照经义,不具信心、断善根者是没有佛性的人,因此不能成佛。但是,道生在读了法显等翻译的《大般泥洹经》后,孤明先发,认为"一阐提人皆得成佛"。这一观点一经提出,立刻引起建康众僧的强烈反对,道生也因此被迫离开建康。北凉玄始十年(南朝宋永初二年,421年),昙无谶译出四十卷《大般涅槃经》,经中称一切众生悉有佛性,"一阐提和声闻、辟支佛均得成佛",证明道生所论非虚。此经于南朝宋元嘉七年(430年)传至建康,人们不得不佩服道生的先觉智慧。

此外,法显西行及回国这段时间,正值毗昙学在我国流布与推广,法显携回的《杂阿毗昙心》,对当时毗昙学的发展也有很大的推动作用。法显与佛陀跋陀罗当时译出了此经,后来,僧伽跋摩与宝云于南朝宋元嘉十二年(435年)重新译出后,毗昙学几乎成为南朝所有僧人共同研习的内容,涌现出大批毗昙师,形成了所谓的毗昙学派。

法显在建康译经后不久,去了荆州,最后卒于辛寺。按,东晋南朝以扬州为京畿,荆州则为长江上游的重镇,具有雄厚的军事、经济实力,甚至能与扬州的中央对抗。辛寺是当时荆州非常重要的佛寺。至于法显为什么中断了在建康的译经而去了荆州,史籍中没有明确的记载,这也为后人留下了一个疑案。

图8　南京大报恩寺佛像

参考文献

[1] (梁)慧皎撰,汤用彤校注:《高僧传》,中华书局1992年版。

[2] (梁)僧祐撰,苏晋仁、萧炼子点校:《出三藏记集》,中华书局1995年版。

[3] 岑仲勉:《佛游天竺记考释》,《中外史地考证(外一种)》(下),中华书局2004年版。

[4] (东晋)法显撰,章巽校注:《法显传校注》,中华书局2008年版。

[5] 汤用彤:《汉魏两晋南北朝佛教史》,北京大学出版社2011年版。

[6] [日]足立六喜:《〈法显传〉考证》,贵州大学出版社2014年版。

[1] 靳生禾:《法显及其〈佛国记〉的几个问题》,《山西大学学报(哲学社会科学版)》1980年第1期。

[2] 靳生禾:《法显及其〈佛国记〉拾遗》,《山西师院学报(社会科学版)》1981年第1期。

[3] 靳生禾:《试论法显》,《史学月刊》1981年第6期。

[4] 靳生禾:《〈佛国记〉在汉籍中的利用及中外之评述》,《敦煌学辑刊》1985年第1期。

[5] 刘进宝:《法显西行述论》,《社会科学》1987年第5期。

[6] 陈桥驿:《法显与〈法显传〉》,《山西大学师范学院学报(哲学社会科学版)》1989年第2期。

[7] 晓石:《法显西行求法寻踪》,《南京政治学院学报》1993年第5期。

[8] 张箭:《法显乘船的国籍、数量、乘员和航经的海区》,《中国史研究》1997年第3期。

[9] 王邦维:《法显与〈法显传〉:研究史的考察》,《世界宗教研究》2003年第4期。

［10］李辉:《法显与庐山慧远——以〈法显传〉为中心》,《佛学研究》2011年第1期。

［11］思和:《法显〈佛国记〉所载西、北天竺诸国佛教情况考析》,《佛学研究》2011年第1期。

［12］王邦维:《关于法显从斯里兰卡带回的几种佛经》,《佛学研究》2011年第1期。

［13］温金玉:《法显大师与中国律学》,《佛学研究》2011年第1期。

［14］王雪梅:《法显与弥勒信仰》,《兰州学刊》2011年第7期。

［15］王邦维:《法显与佛教律在汉地的传承》,《宗教学研究》2013年第4期。

［16］赵娜:《从法显传记看东晋初期的中国佛教》,《华夏文化》2015年第3期。

［17］张浩:《法显在丝路文化交流上的地位及意义》,《华侨大学学报(哲学社会科学版)》2015年第4期。

［18］阳清:《法显〈佛国记〉中的苦难叙事》,《山西师大学报(社会科学版)》2017年第5期。

［19］王邦维:《"罽宾禅师"与"南国律学道士":法显回国后的一段行踪》,《宗教学研究》2018年第1期。

附录一　法显旧传

（一）《出三藏记集》卷十五《法显法师传》

释法显，本姓龚，平阳武阳人也。显有三兄并龆龀而亡。其父惧祸及之，三岁便度为沙弥。居家数年，病笃欲死，因送还寺，信宿便差。不复肯归，母欲见之不能得，为立小屋于门外，以拟去来。十岁遭父忧，叔父以其母寡独不立，逼使还俗。显曰："本不以有父而出家也。正欲远尘离俗，故入道耳。"叔父善其言，乃止。顷之母丧，至性过人。葬事既毕，仍即还寺。尝与同学数十人于田中刈稻，时有饥贼欲夺其谷，诸沙弥悉奔走，唯显独留。语贼曰："若欲须谷，随意所取。但君等昔不布施，故此生饥贫，今复夺人，恐来世弥甚。贫道预为君忧，故相语耳！"言讫即还。贼弃谷而去。众僧数百人，莫不叹服。

二十受大戒，志行明洁，仪轨整肃。常慨经律舛阙，誓志寻求。以晋隆安三年，与同学慧景、道整、慧应、慧嵬等发自长安，西度沙河。上无飞鸟，下无走兽，四顾茫茫，莫测所之。唯视日以准东西，人骨以标行路耳。屡有热风恶鬼，遇之必死，显任缘委命，直过险难。有顷，至葱岭。岭冬夏积雪，有恶龙吐毒，风雨沙砾，山路艰危，壁立千仞。昔有人凿石通路，傍施梯道，凡度七百余梯。又蹑悬絙过河数十余处。仍度小雪山，遇寒风暴起，慧景噤战不能前，语显云："吾其死矣！卿可时去，勿得俱殒。"言绝而卒。显抚之号泣曰："本图不果，命也奈何！"复自力孤行，遂过山险。

凡所经历三十余国，至北天竺。未至王舍城三十余里，有一寺，逼暮仍停。明旦，显欲诣耆阇崛山，寺僧谏曰："路甚艰崄，且多黑师子，亟经啖人，何由可至？"显曰："远涉数万，誓到灵鹫。宁可使积年之诚，既至而废耶？虽有崄难，吾不惧也！"众莫能止，乃遣两僧送之。显既至山中，日将曛夕，遂欲停宿。两僧危惧，舍之而还。显独留山中，烧香礼拜，翘感旧迹，如睹圣仪。至夜，有三黑师子来蹲显前，舐唇摇尾。显诵经不辍，一心念佛，师子乃低头下尾，伏显足前。显以手摩之，咒曰："汝若欲相害，待我诵竟；若见试者，可便退去。"师子良久乃去。明晨还反，路穷幽深，榛木荒梗，禽兽交横，正有一径通行而已。未至里余，忽逢一道人，年可九十，容服粗素，而神气俊远。虽觉其韵高，而不悟是神人。须臾进前，逢一年少道人。显问："向逢一老道人是谁耶？"答曰："头陀弟子大迦叶也。"显方惋慨良久。既至山前，有一大石横塞室口，遂不得入。显乃流涕，致敬而去。

又至迦施国，精舍里有白耳龙，与众僧约，令国内丰熟，皆有信效。沙门为起龙舍，并设福食。每至夏坐讫日，龙辄化作一小蛇，两耳悉白。众咸识是龙，以铜盂盛酪，置于其中，从上座至下行之，遍乃化去。年辄一出，显亦亲见此龙。

后至中天竺，于摩竭提巴连弗邑阿育王塔南天王寺得《摩诃僧祇律》，又得《萨婆多律抄》《杂阿毗昙心》《綖经》《方等泥洹》等经。显留三年，学梵书梵语，躬自书写。于是持经像，寄附商客到师子国。显同侣十余，或留或亡，顾影唯己，常怀悲慨。忽于玉像前见商人以晋地一白团扇供养，不觉凄然下泪。停二年，复得《弥沙塞律》《长阿含》《杂阿含》及《杂藏》本，并汉土所无。

既而附商人大舶还东。舶有二百许人，值大暴风，舶坏水入。众人惶怖，即取杂物弃之。显恐商人弃其经像，唯一心念观世音，及归命汉土众僧。大风昼夜十三日，吹舶至岛下，治舶竟前。时阴雨晦冥，不知何之，唯任风而已。若值伏石及贼，万无一全。行九十日，达耶婆提国。停五月日，复随他商侣东趣广州。举帆月余日，中夜忽遇大风，举舶震惧。众共议曰："坐载此沙门，使我等狼狈，不可以一人故，令一众俱亡。"欲推弃之。法显檀越厉声呵商人曰："汝若下此沙门，亦应下我，不尔便当见杀。汉地帝王奉佛敬僧，我至彼告王，必当罪汝！"商人相视失色，僶俛而止。既水尽粮竭，唯任风随流。忽至岸，见藜藿菜依然，知是汉地，但未测何方。即乘小舶入浦寻村，遇猎者二人，显问："此何地耶？"猎人曰："是青州长广郡牢山南岸。"猎人还，以告太守李嶷。嶷素敬信，忽闻沙门远至，躬自迎劳。显持经像随还。

　　顷之，欲南归。时刺史请留过冬，显曰："贫道投身于不返之地，志在弘通，所期未果，不得久停。"遂南造京师，就外国禅师佛驮跋陀罗，于道场寺译出六卷《泥洹》、《摩诃僧祇律》、《方等泥洹经》、《綖经》、《杂阿毗昙心》未及译者，垂有百万言。显既出《大泥洹经》，流布教化，咸使见闻。有一家失其姓名，居近扬都朱雀门，世奉正化，自写一部，读诵供养。无别经室，与杂书共屋。后风火忽起，延及其家，资物皆尽，唯《泥洹经》俨然具存，煨烬不侵，卷色无异。扬州共传，咸称神妙。

　　后到荆州，卒于辛寺，春秋八十有二。众咸恸惜。其所闻见风俗，别有传记。

（二）《高僧传》卷三《宋江陵辛寺释法显》

　　释法显，姓龚，平阳武阳人，有三兄，并龆龀而亡，父恐祸及显，三岁便度为沙弥。居家数年，病笃欲死，因以送还寺，信宿，便差。不肯复归，其母欲见之不能得，后为立小屋于门外，以拟去来。十岁遭父忧，叔父以其母寡独不立，逼使还俗，显曰："本不以有父而出家也，正欲远尘离俗，故入道耳。"叔父善其言，乃止。顷之，母丧，至性过人，葬事毕，仍即还寺。尝与同学数十人，于田中刈稻，时有饥贼欲夺其谷，诸沙弥悉奔走，唯显独留，语贼曰："若欲须谷，随意所取，但君等昔不布施，故致饥贫，今复夺人，恐来世弥甚，贫道预为君忧耳。"言讫即还，贼弃谷而去，众僧数百人，莫不叹服。及受大戒，志行明敏，仪轨整肃，常慨经律舛阙，誓志寻求。

　　以晋隆安三年，与同学慧景、道整、慧应、慧嵬等，发自长安。西渡流沙，上无飞鸟，下无走兽，四顾茫茫，莫测所之。唯视日以准东西，望人骨以标行路耳，屡有热风恶鬼，遇之必死，显任缘委命，直过险难。有顷，至葱岭，岭冬夏积雪，有恶龙吐毒，风雨沙砾，山路艰危，壁立千仞。昔有人凿石通路，傍施梯道，凡度七百余所。又蹑悬绁过河，数十余处，皆汉之张骞、甘父所不至也。次度小雪山，遇寒风暴起，慧景噤战不能前，语显曰："吾其死矣，卿可前去，勿得俱殒。"言绝而卒，显抚之泣曰："本图不果，命也奈何。"复自力孤行,遂过山险,凡所经历三十余国。

将至天竺,去王舍城三十余里,有一寺,逼冥过之。显明旦欲诣耆阇崛山,寺僧谏曰:"路甚艰阻,且多黑师子,亟经啖人,何由可至。"显曰:"远涉数万,誓到灵鹫,身命不期,出息非保,岂可使积年之诚,既至而废耶,虽有险难,吾不惧也。"众莫能止,乃遣两僧送之。显既至山,日将曛夕,欲遂停宿,两僧危惧,舍之而还。显独留山中,烧香礼拜,翘感旧迹,如睹圣仪。至夜有三黑师子,来蹲显前,舐唇摇尾,显诵经不辍,一心念佛。师子乃低头下尾,伏显足前,显以手摩之,咒曰:"若欲相害,待我诵竟,若见试者,可便退矣。"师子良久乃去。明晨还返,路穷幽梗,止有一径通行,未至里余,忽逢一道人,年可九十,容服粗素,而神气俊远。显虽觉其韵高,而不悟是神人。后又逢一少僧,显问曰:"向耆年是谁耶。"答云:"头陀迦叶大弟子也。"显方大惋恨。更追至山所,有横石塞于室口,遂不得入,显流涕而去。进至迦施国,国有白耳龙,每与众僧约,令国内丰熟,皆有信效。沙门为起龙舍,并设福食,每至夏坐讫,龙辄化作一小蛇,两耳悉白,众咸识是龙,以铜盂盛酪,置龙于中,从上座至下行之遍,乃化去,年辄一出,显亦亲见。

后至中天竺,于摩竭提邑波连弗阿育王塔南天王寺,得《摩诃僧祇律》,又得《萨婆多律抄》《杂阿毗昙心》《綖经》《方等泥洹经》等。显留三年,学梵语梵书,方躬自书写,于是持经像,寄附商客,到师子国。显同旅十余,或留或亡,顾影唯己,常怀悲慨。忽于玉像前,见商人以晋地一白团绢扇供养,不觉凄然下泪。停二年,复得《弥沙塞律》、长杂二《含》及《杂藏》本,并汉土所无。

既而附商人舶,循海而还。舶有二百许人,值暴风水入,众皆惶懅,即取杂物弃之。显恐弃其经像,唯一心念观世音,及归命汉土众僧,舶任风而去,得无伤坏。经十余日,达耶婆提国,停五月,复随他商,东适广州。举帆二十余日,夜忽大风,合舶震惧,众咸议曰:"坐载此沙门,使我等狼狈,不可以一人故,令一众俱亡。"共欲推之,法显檀越厉声呵商人曰:"汝若下此沙门,亦应下我,不尔,便当见杀。汉地帝王奉佛敬僧,我至彼告王,必当罪汝。"商人相视失色,俚俛而止。既水尽粮竭,唯任风随流,忽至岸,见藜藿菜依然,知是汉地,但未测何方,即乘船入浦寻村。见猎者二人,显问此是何地耶,猎人曰:"此是青州长广郡牢山南岸。"猎人还,以告太守李嶷,嶷素敬信,忽闻沙门远至,躬自迎劳。显持经像随还。

顷之,欲南归,青州刺史请留过冬,显曰:"贫道投身于不反之地,志在弘通,所期未果,不得久停。"遂南造京师,就外国禅师佛驮跋陀,于道场寺译出《摩诃僧祇律》《方等泥洹经》《杂阿毗昙心》,垂百余万言。显既出《大泥洹经》,流布教化,咸使见闻。有一家失其姓名,居近朱雀门,世奉正化,自写一部,读诵供养,无别经室,与杂书共屋。后风火忽起,延及其家,资物皆尽,唯《泥洹经》俨然具存,煨烬不侵,卷色无改,京师共传,咸叹神妙,其余经律未译。

后至荆州,卒于辛寺,春秋八十有六,众咸恸惜。其游履诸国,别有大传焉。

附录二　法显求法年谱

399年，九月至十二月期间，与慧景、道整、慧应、慧嵬一行五人从长安出发西行。

400年，在乾归国（今甘肃兰州市）第一次夏坐。夏坐讫，至耨檀国（今青海西宁市）。度养楼山，至张掖镇（今甘肃张掖市甘州区）。

401年，在张掖镇遇智严、慧简、僧绍、宝云、僧景、慧达等六人，一起夏坐。夏坐讫，至敦煌（今甘肃敦煌市），居留一月余。再历时十七日，穿越今甘新库木塔格沙漠，至鄯善国（今新疆若羌县）。在鄯善国休整一个月，往西北行十五日，至焉夷国（今新疆焉耆县）。因焉夷人不友善，智严、慧简、慧嵬三人往他处寻求资助，从此与众人别过。法显等人在焉夷国居留两个多月，往西南横穿今塔克拉玛干沙漠，历时一月五日，至于阗国（今新疆和田县）。

402年，在于阗国特意停留三个月，观看四月一日至十四日的佛诞日行像。结束后，僧绍一人随胡僧前往罽宾（今克什米尔），法显等人行二十五日，至子合国（今新疆叶城县奇盘庄）。在子合国住十五日后，南行四日，入葱岭山，至于麾国（今新疆叶城县西南叶尔羌河上游峡谷一带）。在于麾国夏坐。夏坐讫，行二十五日，到竭叉国（今新疆塔什库尔干塔吉克县），参与无遮大会。从竭叉国往西北行一个月，成功翻越葱岭，至陀历国（今克什米尔西北部的达丽尔），进入北天竺境内。

403年，在陀历国瞻仰弥勒佛像后，顺着山路往西南行十五日，借助粗绳越过"汉之张骞、甘英皆不至"的印度河，到乌苌国（今巴基斯坦北部斯瓦特河流域）。慧景、道整、慧达三人先前往那竭国（今阿富汗东部贾拉拉巴德市附近）观看佛影，法显等人在乌苌国夏坐。夏坐讫，南行到宿呵多国（在今巴基斯坦北部斯瓦特河流域）。从宿呵多国东行五日，到犍陀卫国（在今巴基斯坦北部斯瓦特河流入喀布尔河的附近一带）。自犍陀卫国东行七日,可至竺刹尸罗国(今巴基斯坦北部的拉瓦尔品第市西北)。从犍陀卫国南行四日,到弗楼沙国(今巴基斯坦白沙瓦市),瞻仰佛钵。宝云、僧景与从那竭国观佛影回来的慧达一起,三人返回东土;慧应在佛钵寺去世;慧景病于那竭国,道整留下照顾。于是,法显一人西行十六由延至那竭国,巡礼佛顶骨、佛齿、佛锡杖、佛袈裟等诸多佛陀圣物后,在那竭国城南的山窟,瞻仰到著名的佛影。

404年,在那竭国度冬三月后,与慧景、道整一起三人南渡小雪山(今阿富汗贾拉拉巴德以南的塞费德科山脉)。途中慧景去世,法显悲号万分。至此,西行十一人,只剩法显、道整二人。二人越过小雪山,至罗夷国(位置不明,当在小雪山之南)。在罗夷国夏坐。夏坐讫,南行十日,至跋那国(今巴基斯坦北部的本努)。从跋那国东行三日,至印度河。过河,至毗荼国(今旁遮普地区)。从毗荼国往东南行八十由延,至摩头罗国(今印度北方邦马图拉县),进入中天竺("中国")境内。

405年,从摩头罗国往东南行十八由延,至僧伽施国(今印度北方邦法鲁哈巴德县)。在僧伽施国龙精舍夏坐。夏坐讫,东南行七由延,到罽饶夷城(今印度北方邦卡瑙节县)。渡恒河,南行至沙祇大国(今印度北方邦法扎巴德县的阿约提亚城)。从沙祇大国北行,至拘萨罗国舍卫城(位于今印度北方邦伯尔拉姆布尔县西北),访祇园精舍。从舍卫城东行,至迦维罗卫国(今尼泊尔南部的提罗拉科特),访论民园(今蓝毗尼园)佛出生地。从论民园东行,至蓝莫国(今尼泊尔帕萨县伯拉西镇)。继续东行,至拘夷那竭城(今印度北方邦戈勒克布尔县的卡西亚村),访希连河双树间佛涅槃处。继续东行至毗舍离国(今印度比哈尔邦穆扎法尔布尔县比沙尔),访菴婆罗园、重阁精舍。从毗舍离国南行,渡恒河,至摩竭提国巴连弗邑(今印度比哈尔邦巴特那)。从巴连弗邑南行,至王舍城(今印度比哈尔邦拉杰吉尔)。在当地僧人带路下,法显来到王舍城附近的耆阇崛山,亲历佛迹,悲叹无缘亲见佛陀,潸然泪下。在山上独宿一晚,返回王舍城。途中,访竹林精舍。从王舍城往西南,至伽耶城(今印度比哈尔邦加雅城)贝多树下,访佛成道处。再往西南,至鸡足山,访大迦叶寂灭处。从鸡足山还向巴连弗邑,沿恒河继续西行至迦尸国波罗奈城(今印度北方邦瓦拉纳西),访鹿野苑佛初转法轮处。继续西行,至拘睒弥国(今印度北方邦阿拉哈巴德市科桑村)。返迦尸国波罗奈城,顺恒河东下,回到摩竭提国巴连弗邑。

406—408年,在摩竭提国巴连弗邑的一座大乘佛寺里学梵语、梵文,抄写佛经,一住三年。期间,观巴连弗邑每年二月八日佛诞日行像。三年后,法显准备东归,道整决意留下不回。法显一人顺恒河东行十八由延,至瞻波大国(今印度比哈尔邦帕格尔布尔)。继续东行近五十由延,至多摩梨帝国(今印度西孟加拉邦德姆卢格)。

409—410年,在多摩梨帝国抄写佛经、绘佛像。两年后,得冬初西南季风,昼夜十四日,至师子国(今斯里兰卡)。

411—412年,在师子国居留两年,期间访大寺、无畏山寺、塔山寺,礼拜贝多树,观佛齿舍利游行。一天,在无畏山寺见汉地白绢扇,潸然泪下。按,法显西行途中落泪三次:一次在小雪山,悲恸慧景去世,为人而哭;一次在耆阇崛山,悲叹不能亲见佛陀,为心而哭;一次在无畏山寺,悲念故土,为故乡而哭。两年里,又抄得多部佛经。

412年八月,登商船,返归东土。东行二日,遇大风,整船皆惊。大风连刮十三日方停,至一小岛边,修补船体,继续航行。大海茫茫,漂流九十日许,至耶婆提国(今苏门答腊、爪哇一带)。

413年,在耶婆提国停留五个月。四月十六日,登另一艘商船,往东北航行,去往广州(今广东广州)。法显在船上夏坐。航行一个多月,遇黑风暴雨,船上婆罗门商人欲扔下法显,遭到法显施主(檀越)的厉言喝止。因天气阴雨,船误方向,经七十余日,仍未达广州。又往西北航行十二日,方至长广郡牢山(今山东青岛崂山)南岸登陆。时维义熙九年七月十四日。长广郡太守李嶷,迎至郡治。又受青兖二州刺史刘道怜邀请,度一冬、一夏。

414年,在青兖二州刺史刘道怜处夏坐。夏坐讫,南下建康(今江苏南京)。

416年,夏安居末,在慧远促成下,入建康道场寺,与佛陀跋陀罗译经。

附录三 "南国律学道士"考

东晋义熙八年(412年)五月,慧远在庐山建了一座佛影台,并写了一篇《万佛影铭》,其中有云:

> 遇西域沙门,辄餐游方之说,故知有佛影,而传者尚未晓然。及在此山,值罽宾禅师、南国律学道士,与昔闻既同,并是其人游历所经。因其详问,乃多先征。①

大意是说,慧远早年曾听一西域沙门讲过佛影,但一直不知其详;后来在庐山,终于向"罽宾禅师"和"南国律学道士"详细征询了佛影的情况。这里的"罽宾禅师",学界有基本共识,认为就是佛陀跋陀罗;但这位"南国律学道士"是谁,一直是个悬案。汤用彤"不知为何人,但似非法显。因显时尚未归来"②的观点,颇有见地和代表性,自民国二十七年(1938年)提出以来,长期为学界大部分人认可。我们认为,要弄清楚"南国律学道士"问题,首先要明确法显西行起始和归国时间。

(一) 法显西行起始时间

关于法显西行起始的具体年份,比较明确,法显自撰《法显传》记载为"弘始元年",稍后梁代僧祐《出三藏记集》和慧皎《高僧传》也均说是"隆安三年",前者为后秦姚兴的年号,后者为东晋安帝的年号,其实是同一年,即公元399年。但具体月份,似乎仍有进一步考证的余地。

考《晋书·姚兴载记上》:"兴以日月薄蚀,灾眚屡见,降号称王……大

---

① 慧远:《万佛影铭》,《广弘明集》卷15,《四部丛刊初编》本。
② 汤用彤:《汉魏两晋南北朝佛教史》,北京大学出版社2011年版,第192页。

赦,改元弘始。"①又,《资治通鉴·晋纪三十三》:隆安三年己亥,"九月……秦主兴以灾异屡见,降号称王,下诏令群公、卿士、将牧、守宰各降一等;大赦,改元弘始。"②可见,姚兴改元"弘始"(之前的年号为"皇初"),在当年的九月(本文中的月份皆为阴历)。年号是古人纪年的重要方式,法显撰《法显传》时,已经身在东晋,但记载他十余年前西行的起始时间,却没有采用东晋的年号(安帝隆安三年),而仍然沿用了后秦的年号(姚兴弘始元年),这其实是犯忌讳的,说明他绝非随意为之。这个日子是他起始西行的重要时间,一定不会记错。倘若他是在399年九月之前就出发了,那么年号就会是"皇初六年"而非"弘始元年",既然法显在《法显传》中特意强调"弘始元年",那么他西行的起始时间就一定在399年九月之后。

此外,《法显传》中记载,法显于弘始元年(399年)从长安出发,翻越今陕西与甘肃之间的陇山后,至乾归国夏坐。这里僧人的"夏坐",也是一个时间性较强的行为,一般每年为期三个月,或在四月至七月,或在五月至八月,但肯定不会迟于九月。既然法显在九月之后出发,而此时早已过了当年的夏坐时间,那么他在西行后的这次夏坐,就肯定不是在弘始元年,而只能在弘始二年(400年)。

法显在乾归国的这次夏坐,是他西行途中的第一次夏坐,在《法显传》中的具有重要的时间标识意义。也许古人早就已经关注到这一问题了,所以章巽先生在做《法显传校注》时,就发现传世各本《法显传》记载法显西行之始的时间均将"弘始元年"误为了"弘始二年"③,这应该不是巧合或简单的文字讹误。

(二) 法显崂山登陆时间

确定了西行起始时间尤其第一次夏坐时间,再根据《法显传》中的具体记载,我们大致可以勾勒出法显求法的行程年表:

---

① 《晋书》卷117,中华书局1974年版,第2979—2980页。
② 《资治通鉴》卷111,中华书局1956年版,第3496页。
③ 法显撰,章巽校注:《法显传校注》,中华书局2008年版,第2页。

表1 法显求法年表

时间	经历	备注
399年	九月至十二月间,从长安出发。	
400年	度陇,至乾归国。前行至褥檀国。度养楼山,至张掖镇。	乾归国 第一次夏坐
401年	在张掖镇夏坐后,前行至敦煌,居留一月余。再历时十七日,穿越沙河,至鄯善国。在鄯善国休整一个月,往西北行十五日,至焉夷国。因焉夷人不友善,智严、慧简、慧嵬三人往高昌寻求资助,从此与众人别过。法显等七人在焉夷国居留二个多月,往西南横穿沙漠,历时一月五日,至于阗国。	张掖镇 第二次夏坐
402年	在于阗国特意停留了三个月,观看四月一日至十四日的佛诞日行像。结束后,行二十五日,至子合国。在子合国住十五日后,南行四日,入葱岭山,至于麾国。夏坐后,行二十五日,到竭叉国,参与无遮大会。从竭叉国往西北行一个月,成功翻越葱岭,进入北天竺境内。	于麾国 第三次夏坐
403年	在陀历国瞻仰弥勒佛像后,顺着山路往西南行十五日,借助粗绳越过"汉之张骞、甘英皆不至"的新头河(即印度河),到乌苌国。夏坐后,南行到宿呵多国。从宿呵多国东行五日,到犍陀卫国。犍陀卫国东行七日,可至竺刹尸罗国。从犍陀卫国南行四日,到弗楼沙国,瞻仰佛钵。结束后,西行十六由延至那竭国,巡礼佛顶骨、佛齿、佛锡杖、佛袈裟等诸多佛陀圣物后,在那竭国城南的山窟,瞻仰到著名的佛影。	乌苌国 第四次夏坐
404年	在那竭国度冬三月,与慧景、道整一起三人南渡小雪山。途中慧景去世,法显悲号万分。越过小雪山,至罗夷国。南行十日,至跋那国。从跋那国东行三日,至印度河。过河,至毗荼国。	罗夷国 第五次夏坐
405年	从毗荼国往东南行八十由延,至摩头罗国,进入中天竺("中国")境内。往东南行十八由延,至僧伽施国。东南行七由延,到罽饶夷城。渡恒河,南至沙祇大国。从沙祇大国北行,至拘萨罗国舍卫城,访祇园精舍。从舍卫城东行,至迦维罗卫国,访论民园佛出生地。从论民园东行,至蓝莫国。继续东行,至拘夷那竭城,访希连河双树间佛涅槃处。继续东行,至毗舍离国,访菴婆罗园、重阁精舍。从毗舍离国南行,渡恒河,至摩竭提国巴连弗邑。从巴连弗邑南行,至王舍城,游耆阇崛山,悲叹无缘亲见佛陀,潸然泪下。在山上独宿一晚,返回王舍城。途中,访竹林精舍。从王舍城往西南,至伽耶城贝多树下,访佛成道处。再往西南,至鸡足山,访大迦叶寂灭处。从鸡足山返向巴连弗邑,沿恒河继续西行,至迦尸国波罗奈城,访鹿野苑佛初转法轮处。继续西行,至拘睒弥国。返迦尸国波罗奈城,顺恒河东下,回到摩竭提国巴连弗邑。	僧伽施国 龙精舍 第六次夏坐

时间	经历	备注
406—408年	在摩竭提国巴连弗邑一座大乘佛寺学梵语梵文,抄写佛经,一住三年。期间,观巴连弗邑每年二月八日佛诞日行像。三年后,道整决意留下,法显开始东归。顺恒河东行十八由延,至瞻波大国。继续东行近五十由延,至多摩梨帝国。	巴连弗邑居留三年
409—410年	在多摩梨帝国抄写佛经、绘佛像。二年后,得冬初西南季风,昼夜十四日,至师子国。	多摩梨帝国居留二年
411—412年	在师子国访大寺、无畏山寺、塔山寺,礼拜贝多树,观佛齿舍利游行。一日,在无畏山寺见汉地白绢扇,潸然泪下。居留期间,又抄得多部佛经。	师子国居留二年

上表所列是法显求法的大致过程。法显曾总结自己的经历:"发长安,六年到中国,停六年,还三年达青州。"①这里"六年到中国",是说他从399年从长安出发,405年进入中天竺,历时六年;"停六年",是说他在中、东天竺游历一年(期间在僧伽施国龙精舍夏坐),摩竭提国巴连弗邑抄经三年,多摩梨帝国抄经绘像二年,共计六年;"还三年达青州",则是指从多摩梨帝国登船正式离开天竺,途中经过师子国,居留二年,再从师子国出发,海上航行一年,共计三年。

关于法显崂山登陆的具体时间,汤用彤、岑仲勉等人均认为是义熙八年(412年)七月②,这一观点也为学界所普遍认可。我们再来看看《法显传》中对他从师子国到崂山的这段行程的记载:

> 载商人大船……得好信风,东下二日,便值大风……大风昼夜十三日,到一岛边……于是复前……如是九十日许,乃到一国,名耶婆提。……停此国五月日,复随他商人大船……以四月十六日发。……遂经七十余日,粮食、水浆欲尽。……即便西北行求岸,昼夜十二日,到长广郡界牢山南岸。……明当七月十五日……

这艘商船从师子国出发,二日后遇到大风,连刮十三日,到一小岛短暂休整,继续漂流九十日许,到耶婆提国。在耶婆提国停留五个月,登上

---

① 法显撰,章巽校注:《法显传校注》,中华书局2008年版,第150页。
② 汤用彤:《汉魏两晋南北朝佛教史》,北京大学出版社2011年版,第214页;岑仲勉:《佛游天竺记考释》,《中外史地考证(外一种)》(下),中华书局2004年版,第746页。

另一艘商船,以当年四月十六日出发,先经七十余日,后经十二日,终于从牢山登岸。登岸时,虽然知道已经到了汉地,但是具体在什么地方,仍不清楚,于是找到两位猎人,经询问才知道是青州长广郡,属于东晋的地盘。《法显传》还借猎人之口,透漏出一个重要的时间线索:"明当七月十五日",也就是说法显登岸时间,在当年的七月十四日。他们从耶婆提国于四月十六日出发,经过约三个月("七十余日"加"十二日"),至牢山登岸时,时间正当七月十四日。这段记载,时间若合符契,《法显传》实录性可见一斑。

再以四月十六日往上逆推,在耶婆提国停留"五月日",那么到耶婆提的时间当在上年十一月十六日前后;海上漂流"九十日许",那么到小岛休整的时间,在上年的八月十六日前后;经过"东下二日"加"大风昼夜十三日"共计十五日,那么法显从师子国出发的时间当在上年的八月一日左右。日本学者足立喜六认为,阴历八月(阳历九月),"恰为西南季候风之末期,已属季候风之转换期矣。此际,旋风辄起,若至阳历十月中旬,东北季节风至,则航行必更不便。故法显乘信风出发,未及遇大风,漂流达九十余日。"① 这是颇为精到的见解。

综上,我们可排定法显海航归国的大致历程,见下表:

表2 法显归国时间表

时间	经历
412年八月一日	乘上一艘商船。出发后二日,遇到大风,连刮十三日,至一小岛。短暂休整后,继续漂流九十日许。
412年十一月	至耶婆提国,停留五月日。
413年四月十六日	乘上另一艘商船,往东北驶向广州。海上航行七十余日,仍未到达。遂往西北航行十二日。
413年七月十四日	青州长广郡牢山南岸登陆。

公元413年,时维东晋义熙九年,因此法显回国的准确时间是:东晋义熙九年七月十四日,而非学界普遍认为的义熙八年(412年)七月十四日。

法显崂山回国后,先被长广郡太守李嶷请至郡治,后受青兖二州刺史刘道怜邀请,度一冬一夏。这位刘道怜,乃南朝宋武帝刘裕的弟弟,考《宋

---

① [日]足立六喜著,何健民、张小柳译:《〈法显传〉考证》,贵州大学出版社2014年版,第219页。

书·刘道怜传》,他于东晋义熙四年(408年),任并州刺史兼义昌太守,北魏南侵时,镇山阳(今江苏省淮安市);义熙七年(411年),改任北徐州刺史,镇彭城(今江苏省徐州市);义熙八年(412年),征为都督兖青二州晋陵京口淮南诸郡军事、兖青二州刺史,镇京口(今江苏省镇江市);义熙十一年(415年),改任都督荆湘益秦宁梁雍七州诸军事、荆州刺史。^①可见,法显于义熙九年(413年)牢山登陆时,刘道怜已镇京口(今江苏省镇江市),因这一冬一夏,地点当在京口,时间从义熙九年(413年)的冬天到义熙十年(414年)的夏坐结束。夏坐讫,法显南下建康。法显自撰的《法显传》也自此完结,故最后落款的时间"是岁甲寅",正是义熙十年。

(三) 关于"南国律学道士"

近年有人认定"南国律学道士"就是法显,其中以王邦维和李辉两位先生最具代表性。王邦维先生提出四条理由:第一、在南方以律学而有名的,只能是法显;第二、法显亲观过佛影;第三、法显与"罽宾禅师"佛陀跋陀罗关系密切;第四、谢灵运也有一篇《佛影铭》,文中明确提到法显。^②但是,我们细究这四条理由,似乎都非证明"南国律学道士"即是法显的铁证。第一、在慧远、法显时代,寻求并翻译完备的戒律,已是汉地僧众一个普遍的共识,在南方以律知名者,恐不见得仅有法显一人;第二、法显亲见过佛影,但与他同时西行求法的人,也有见过佛影的;第三、法显与佛陀跋陀罗一起译经,可谓关系密切,但是西行求法瞻仰佛迹的僧人,亦有跟佛陀跋陀罗更密切之人;第四、谢灵运写《佛影铭》时身在建康,铭文中提到法显,是因为法显已到建康,但并不能证明法显上过庐山。以上四条理由,都不足以证明慧远造佛影台时法显上过庐山,因为这里存在一个最关键的问题我们无法回避:慧远建佛影台(义熙八年五月)时,法显仍未归国,尚在海上漂流。王邦维先生也意识到了这一问题,因此在列出这四条

---

① 《宋书》卷51《宗室·刘道怜传》,中华书局1974年版,第1462页。

② 王邦维:《"罽宾禅师"与"南国律学道士":法显回国后的一段行踪》,《宗教学研究》,2018年第1期,第65—69页。

理由之后,又考证到:虽然法显崂山登陆在义熙八年(412年)七月,迟于慧远建佛影台的义熙八年五月,但是慧远这篇《万佛影铭》却是在义熙九年(413年)九月写成,因此法显还是有可能上庐山的。但是,我们细揆慧远《佛影铭》:

> 晋义熙八年岁在壬子五月一日,共立此台拟像本山,因即以寄诚,虽成由人匠而功无所加。至于岁次星纪赤奋若,贞于太阴之墟,九月三日,乃详捡别记,铭之于石。

说的明白:义熙九年(岁次星纪赤奋若,贞于太阴之墟)九月三日,慧远"详捡别记,铭之于石"。这个日子是慧远翻捡出之前所撰的铭文("详捡别记"),刻在石头之上("铭之于石")的时间,并非他撰写《万佛影铭》的时间。换句话说,慧远的这篇《佛影铭》主体部分应该早在义熙九年九月三日之前就写好了。而且,即便退一步,我们承认慧远《佛影铭》写于义熙九年九月三日,也不能证明法显在此之前就上庐山了。因为根据我们之前的考定,法显崂山登陆在义熙九年七月十四日,之后就被长广郡太守李嶷接到郡治,然后又受青兖二州刺史刘道怜邀请过了一冬一夏,时间已经到了义熙十年(414年)的八月,期间法显根本没时间上庐山。

那么,为什么谢灵运《佛影铭》中又明明白白地写到法显呢?这就需要进一步考定谢灵运这篇《佛影铭》的写作时间。先来看谢灵运这篇《佛影铭》:

> 法显道人,至自祇洹,具说佛影,偏为灵奇。幽岩嵌壁,若有存形。容仪端庄,相好具足。莫知始终,常自湛然。庐山法师,闻风而悦,于是随喜幽室,即考空岩,北枕峻岭,南映滮涧,摹拟遗量,寄托青彩。岂唯像形也笃故,亦传心者极矣。道秉道人,远宣意旨,命余制铭,以充刊刻。①

大意是说,法显从天竺回来后,向世人详细讲述了佛影的情况;远在庐山的慧远法师"闻风而悦",于是根据图本而立佛像("摹拟遗量,寄托青彩");然后慧远派道秉至建康,请谢灵运写铭。这里说的明白:慧远只是

---

① 谢灵运:《佛影铭》,《广弘明集》卷15,《四部丛刊初编》本。

"闻风"了法显描述佛影,然后在庐山立佛像,并不是慧远在庐山见过法显。慧远《万佛影铭》中"共立此台拟像本山",讲的是造佛影台,谢灵运《佛影铭》中"摹拟遗量,寄托青彩",讲的是立佛影像,两者虽然都关乎佛影,但造台与立像其实是两件事。慧远"摹拟遗量,寄托青彩",所立之佛影像,就是佛画。法显在东天竺多摩梨帝国二年"写经及画像"①,后来崂山登陆时携带的行李中便有"经像"②(佛经和佛像)。又,《水经注·泗水》:"泗水西有龙华寺,是沙门法显远出西域,持《龙华图》,首创此制。法流中夏,自法显始也。"③可见,法显所带回汉地的佛画中有《龙华图》,成为汉地寺庙的建造模本。

又,谢灵运《佛影铭》中有"阐提获自拔之路"句,则涉及佛教著名的"阐提成佛"公案。史载,竺道生在读了法显所译六卷本《大般泥洹经》之后,"孤明先发"地提出了"阿阐提人皆得成佛"的论断④。法显译出六卷本《大般泥洹经》的时间在义熙十四年(418年)正月一日⑤,那么竺道生提出"阐提成佛"的时间当在此时之后,有人考定约在元嘉五年(428年)⑥。那么,有没有可能谢灵运提出"阐提获自拔之路",比竺道生"阿阐提人皆得成佛"要早呢?⑦检索历代佛典,我们发现"阐提"这一词汇(或概念)在法显译出《大般泥洹经》之前根本没有,如此一来,就谈不上"阐提自拔"的论断了。因此,即便谢灵运写《佛影铭》的时间比竺道生提出"阐提成佛"要早,但也不应早于法显译出《大般泥洹经》的义熙十四年。要之,谢灵运之所以在《佛影铭》中提及法显,是因为此铭写定时间较迟,此时法显不仅早在义熙十年(414年)来到了建康,而且已经于义熙十四年译出了《大般泥洹经》。

有没有可能法显在慧远造佛影台此之前就归国了呢?李辉先生便认为,法显应该在义熙六年(410年)七月便从崂山回国。归国后,法显受刘

① 法显撰,章巽校注:《法显传校注》,中华书局2008年版,第124页。
② 法显撰,章巽校注:《法显传校注》,中华书局2008年版,第147页。
③ 郦道元撰,陈桥驿校证:《水经注校证》,中华书局2007年版,第601页。
④ 僧祐撰,苏晋仁、萧炼子点校:《出三藏记集》卷15,中华书局1995年版,第571页。
⑤ 僧祐撰,苏晋仁、萧炼子点校:《出三藏记集》卷8,中华书局1995年版,第316页。
⑥ 姜剑云:《谢灵运与"涅槃圣"竺道生》,《广州大学学报(社会科学版)》,2005年第9期,第13—18页。
⑦ 陈道贵:《谢灵运〈佛影铭并序〉阐提观发微》,《华夏文化》2003年第2期,第26—28页。

道恰所邀度一冬一夏,于义熙七年(411年)夏坐讫,离开青州南下,故于义熙八年(412年)五月慧远造佛影台之前,法显是有时间上庐山的^①。这里,为了证明法显有时间上庐山,与王邦维先生将慧远写《万佛影铭》的时间推迟到义熙九年(413年)不一样,李辉先生则将法显登陆的时间提前到了义熙六年(410年),理由是:法显在中天竺停留的时间实为"五年"而非"六年",因此需提前一年;从师子国停留的时间也"并非整二年",因此再需提前一年。但是,我们仔细审读《法显传》,法显在中天竺僧伽施国龙精舍夏坐,是为一年,又在摩竭提国巴连弗邑习梵语抄经三年,在多摩梨帝国写经画像二年,明明白白,一共六年。又,诚如李辉先生所论,法显到师子国时在冬初,从师子国出发时是在第三年之八九月间,法显在师子国停留的时间的确并非整二年。但是,无论如何计算,也不可能将在师子国停留并归国的时间从三年压缩为两年(参见前文时间表)。可见,将法显崂山归国的时间从义熙八年提前至义熙六年,是站不住脚的。而且,根据前文的考证,法显归国的时间不仅不可能早于义熙八年,而且还在迟于此一年后的义熙九年。总之,法显不可能在慧远造佛影台此之前归国。

那么,这位"南国律学道士"到底是谁呢?其实,岑仲勉先生"或指宝云一辈"^②观点就很值得关注。我们先来看《法显传》的记载:

> 宝云、僧景只供养佛钵便还。慧景、慧达、道整先向那竭国,供养佛影、佛齿及顶骨。慧景病,道整住看,慧达一人还,于弗楼沙国相见,而慧达、宝云、僧景遂还秦土。慧应在佛钵寺无常。^③

按,法显一行,从长安出发时有五人,即法显、慧景、道整、慧应、慧嵬,在张掖镇遇到智严、慧简、僧绍、宝云、僧景五人,合在一起,总共十人。在焉夷国,智严、慧简、慧嵬三人另行去了高昌,从此别过。在于阗国,多出一位不知何时加入的慧达,他们在于阗观看行像后,僧绍一人随胡僧前往了罽宾。余下的法显、慧景、道整、慧应、宝云、僧景、慧达七人,一起继续西行,云游到了北天竺。在乌苌国,慧景、道整、慧达三人先往那竭国观看

---

① 李辉:《法显与庐山慧远——以〈法显传〉为中心》,《佛学研究》,2011年,第67—73页。
② 岑仲勉:《佛游天竺记考释》,《中外史地考证(外一种)》(下),中华书局2004年版,第846页。
③ 法显撰,章巽校注:《法显传校注》,中华书局2008年版,第34页。

佛影,法显、慧应、宝云、僧景四人则在乌苌国夏坐后,继续经宿呵多国、犍陀卫国、竺刹尸罗国,到了弗楼沙国。上引这段文字,正是在弗楼沙国佛钵寺时,法显七人的情况:先往那竭国观看慧景、道整、慧达三人,慧景病重,道整留下照顾,慧达返至弗楼沙与众人相会;宝云、僧景在弗楼沙佛钵寺供奉完佛钵后,与从观佛影归来的慧达一起,三人返回东土;慧应去世于佛钵寺。于是只剩下法显一人,从弗楼沙国前往那竭国,与慧景、道整回合,并在那竭国城南的山窟瞻仰到了著名的佛影。由此可知,当年法显一行人中,真正见到过佛影的有法显、慧景、道整、慧达四人,这是中土最早一批亲眼见过佛影的人。四人中,慧景逝世于小雪山,道整留天竺不归,只有法显、慧达返回了东土。这位早于法显东归的慧达,随他一起的,还有宝云与僧景。宝云、僧景二人虽然在弗楼沙国佛钵寺“只供养佛钵便还”,没有亲见佛影,但在与慧达一路东归的途中,想必也一定听慧达描述过佛影的情况。可惜的是,三人归国之后的经历,除了宝云外,慧达、僧景二人史无明载[1]。宝云在返回汉地后,在长安拜佛陀跋陀罗为师,后来一路随侍佛陀跋陀罗南下庐山、西至荆州、东赴建康。宝云“以元嘉二十六年(449年)卒”[2]享年“七十有四”[3],那么他当生于东晋太元元年(376年),故在张掖遇法显及从弗楼沙返中土之时,年不过三十,正是博闻强记的黄金年龄。史载他“在外域,遍学胡书,天竺诸国音字训诂,悉皆贯练”[4],当所言不虚。据《开元释教录》记载,宝云所译的佛经有四部:《佛本行经》七卷、《新无量寿经》二卷、《净度三昧经》二卷、《付法藏经》六卷[5];又《出三藏记集》亦载,他还与智严一起译有《普耀经》、《广博严净经》、《四天王经》等三部经[6]。他译经时“常手执胡本,口宣晋语,华戎兼通,音训允正。云之

---

① 有人认为慧达即是著名的刘萨诃和尚,但亦有人证其为非。详见史苇湘《刘萨诃与敦煌莫高窟》,《文物》1983年第6期,第5—13页;孙修身《刘萨诃和尚事迹考》,《1983年全国敦煌学术研讨会论文·石窟艺术论》(上),甘肃人民出版社1985年版,第272—310页;饶宗颐《刘萨诃事迹与瑞像图》,《1987年敦煌石窟研究国际讨论会文集》,辽宁美术出版社1990年版,第336—349页;尚丽新《“敦煌高僧”刘萨诃的史实与传说》,《西南民族大学学报(人文社科版)》2007年第4期,第76—82页。

② 僧祐撰,苏晋仁、萧炼子点校:《出三藏记集》卷15,中华书局1995年版,第579页。

③ 慧皎撰,汤用彤校注:《高僧传》卷3,中华书局1992年版,第103页。

④ 僧祐撰,苏晋仁、萧炼子点校:《出三藏记集》卷15,中华书局1995年版,第578页。

⑤ 智升:《开元释教录》卷5(上),文渊阁《四库全书》,第1051册,台湾商务印书馆1983—1987年影印本,第124页。

⑥ 僧祐撰,苏晋仁、萧炼子点校:《出三藏记集》卷15,中华书局1995年版,第577页。

所定,众咸信服。……江左译梵,莫踰于云"①,可谓当时南方精通梵文第一人。南朝宋永初时期(420—422年),有一位幽州黄龙国沙弥释法勇,"尝闻沙门法显、宝云诸僧躬行佛国"②,于是慨然有忘身之誓,召集一批僧人西行求法。可见在时人心中,宝云是与法显齐名的求法僧人。总之,从以上种种材料来看,在义熙八年(412年)慧远造佛影台之前上过庐山,又与佛陀跋陀罗关系亲密,还躬身到天竺礼拜过佛祖遗迹(供奉佛钵、听慧达讲佛影),且精通梵语翻译过多部佛经的宝云,是目前可考史料中最接近"南国道学律士"之人。

综上所考,法显西行的起始时间在399年九月至十二月间,崂山登陆归国的时间为413年(义熙九年)七月十四日。慧远《万佛影铭》中的"南国律学道士"不可能是法显,最可能是宝云。

(此文发表于《法音》2020年第1期,编入本书时略有改动)

---

① 僧祐撰,苏晋仁、萧炼子点校:《出三藏记集》卷15,中华书局1995年版,第578页。
② 僧祐撰,苏晋仁、萧炼子点校:《出三藏记集》卷15,中华书局1995年版,第581页。

后 记

　　2016年暑假的一天，我正在家逗刚刚两个多月大的女儿的时候，接到了在南京晓庄学院编辑部工作的胡晓明师兄电话，说是有一个关于南京历史文化名人传记的项目，写的书将由凤凰出版社出版，问我愿不愿意参加。一则在南京学习、生活多年，对这座城市早已感情颇深，二则冲着凤凰出版社的名气，不愿丧失在凤凰出书的机会，于是我很爽快地答应了。在学校日常教学和科研任务之外，经过陆续收集资料和撰写初稿，转眼到了2019年暑假，我打算集中精力将书稿整理出来，每天一早出发，来到办公室，晚上九十点钟披星戴月回到家里。老婆问我在忙什么，我告诉她在写《法显传》，她问法显是谁，我想了想，说是一个比唐僧取经还要早几百年的高僧。她听得明白了，便不再多问，任由我早出晚归。

　　比不上玄奘在世人眼中妇孺皆知，法显则几乎除了学界和僧界的少数人之外，很少有人知道。造成这一现象的原因，除了《西游记》小说对唐三藏取经故事的普及外，他们之间大概还有两个不同。一是时间不同，法显取经在公元399年至414年，玄奘取经在公元629年至645年，法显比玄奘足足早了二百三十年，法显时代中土的佛教刚刚兴起，玄奘时代中土已经开始生发出具有中国特点的八大宗派，诚所谓此一时而彼一时。二是路线不同，这里的路线，不单指出法显陆路去海路回，而玄奘仅陆路去回，这一现实的行走路线，更是指他们两人在取经路上所采取不同的"人情"路线。简单来说，玄奘走的是高层路线，与他所接触的要么是国王、贵族，要么是高僧大德，一路上伴随着无数的鲜花、掌声和荣誉，而法显则相对孤寂得多了，他打交道的基本上是底层民众和僧侣。而正因为这样，使得法显身上闪耀着一种清冷高洁的光辉。在花甲之年毅然西行，来到之前几乎没有中国人到过的异域他乡，一路上穿越上无飞鸟、下无走兽，只能以死人枯骨为行路标志的白龙堆沙漠，翻越四季有雪，随时可能雪崩，必须时刻提防风雪沙石的葱岭，踩着粗绳跨越"壁立千仞，临之目眩"的新头河进入天竺境内，到人烟稀少、野兽横行的迦维罗卫国、蓝莫国及鸡足山瞻仰圣迹，冒着被狮子吃掉的危险执意前往灵鹫山拜祭佛祖，在巴连弗邑学梵文、抄佛经，一住三年，在多摩梨帝国写佛经、习佛画，一住两年，归国途中在师子国又新发现不曾见过的佛经，又一住两年，凡此种种，若非胸怀虔诚而坚定的信仰，焉能取得这样古今罕有的功业？

在写这本小书的过程中，案边的那本章巽先生作的《法显传校注》几乎被我翻烂。我如同那个孙悟空所变化的小人，跳进这本《法显传》里，跟随着法显大师，一路从长安出发，经历西域，翻越葱岭，进入天竺；从北、西天竺到中、东天竺，再到师子国；然后乘商船在崂山登岸回国，最后在建康译经。一路走来，我为法显的悲而悲，为法显的喜而喜。在法显于小雪山失去同伴而恸哭，灵鹫山慨叹生不逢时而悲伤，无畏山寺见汉地绢扇而凄然落泪之时，我打字时的眼睛不禁模糊起来。在法显于那竭国观摩到"金色相好、光明炳著"的佛影，于巴连弗邑寻觅到孜孜以求的《摩诃僧祇律》等经典而潜心学梵文、抄佛经之时，我亦由衷地为他感到欣慰。

今年，我的女儿五岁了，春节期间已经可以嘟着小嘴让我和她妈妈带着去看佛祖了。在她小小的心灵里，有这么个心路历程：猴年出生的她，要做最厉害的猴子，而最厉害的猴子是孙悟空，后来又听说孙悟空怎么也跳不出佛祖的手掌心，开始觉得佛祖更厉害。这大概是她要去看佛祖的原因。我带她去了苏州寒山寺和南京天界寺。前者人头攒动、热闹无比，如同玄奘，后者偏僻寂寥、少有人知，如同法显。如果可以选择，我还是宁愿做"志有所存，专其愚直"的法显，而不愿意做万众瞩目的玄奘。

是为后记。

2021年2月
南林南山楼